Cemil Şahinöz

My Halal Check
Einkaufshelfer für Muslime

EDITION BUKHARA

Zum Autor:

Cemil Şahinöz, Dipl. Soziologe, Psychologe, Doktorand der Theologie,
Religionswissenschaft und Philosophie, geboren 1981,
ist als Integrationsbeauftragter, Familienberater, Autor und Journalist tätig.

Kontakt: http://twitter.com/Cemil_Sahinoez

cemil@misawa.de · www.misawa.de

Weiterführende Literatur zum Thema finden Sie im Internet unter
www.bukhara-versand.de

Bibliographische Information Der Deutschen Bibliothek
Die Deutsche Bibliothek verzeichnet diese Publikation in der Deutschen
Nationalbibliographie; detaillierte bibliographische Daten sind im Internet
über http://dnb.ddb.de abrufbar

ISBN: 978-3-941910-06-5

1. Auflage 2012
Edition Bukhara, Mössingen 2012 – www.edition-bukhara.de
Lektorat und Korrektorat: Tasnim El-Naggar, Ali Khandour
Covergestaltung: zweimal-m | mediengestaltung
Cover Illustration: © Hxdbzxy & zweimal-m | mediengestaltung
Gestaltung und Satz: Satz- & Verlagsservice Bogun, Berlin · satzservice.de
Druck und Bindung: Auer Buch + Medien GmbH

Printed in Germany

Inhalt

„O ihr, die ihr glaubt, esset von den guten Dingen,
die Wir euch bereitet haben,
und seid Allah dankbar, wenn ihr Ihm allein dient."

KORAN, 2:132

Vorwort

Als Muslime versuchen wir auf die Richtlinien des Qur'ans zu achten. Wir gehen davon aus, dass uns diese Richtlinien sowohl im Diesseits als auch im Jenseits Nutzen bringen werden. Denn es ist unser Schöpfer, Der uns am besten kennt und Der uns durch Seine Barmherzigkeit zur Rechtleitung verhilft.

Dieses Prinzip gilt auch für Speisen und Getränke, die wir zu uns nehmen. Der Schöpfer erlaubt *(yuhallil-halal)* uns das Essen und Trinken von den meisten seiner Schätze. Einige von ihnen verbietet *(yuharrim-haram)* Er, da diese nicht zum Zwecke des Essens oder Trinkens erschaffen wurden.

Das Schweinefleisch gehört wohl zu den bekanntesten verbotenen Speisen. Doch auch auf Alkohol oder jegliches Fleisch von Tieren, die nicht im Namen Allahs geschlachtet wurden, verzichten die Muslime. Das Verbotene kann sich aber auch in vielen Produkten befinden, ohne dass wir es bemerken. Dies macht die Unterscheidung von Lebensmitteln in die Kategorien *Halal* und *Haram* zunehmend schwierig. Die hohe Anzahl an Muslimen in Europa und speziell in Deutschland fordert jedoch dazu heraus, sich mit den Inhaltsstoffen von hier angebotenen Produkten zu beschäftigen. Die vorliegende Arbeit ist deshalb eine längst fällige Notwendigkeit für hier lebende Muslime.

In mehr als 15 Jahren wurden etliche Hersteller angeschrieben und um Auskunft gebeten. Ältere Angaben wurden ständig durch aktuelle ersetzt. Es wurde bei allen Herstellern nicht nur nach Gelatine, Emulgatoren oder Aromen gefragt, sondern grundsätzlich danach, ob sich tierische oder alkoholische Zutaten, egal in welcher Menge, in einem bestimmten Produkt befinden. Die Antworten der Hersteller wurden dann gesammelt und in die Datenbank eingegeben. So ergaben sich die über 3000 Produkte, die in diesem Buch erwähnt werden. Nur Produkte, bei denen die Originalbriefe mit den Antworten der Hersteller beigefügt sind, wurden in diese Liste aufgenommen. Sie enthält die gängigsten Produkte der bekanntesten Supermärkte in Deutschland und Österreich.

Vielen Menschen, die bei der Zusammenstellung dieser Liste mitgeholfen haben, sei an dieser Stelle gedankt, besonders den Usern des Misawa-Forums (www.misawa.de, www.myhalalcheck.com), die das Projekt von Anfang an mitgestalteten und vor allem durch Diskussionen und kritische Fragen die Arbeit verbesserten. Besonderer Dank gilt auch Songül Şahinöz, Emre Ayhan, Levent Kına, Fatih Imre und Selim Doğan, die tatkräftig diese Arbeit vorantrieben.

Damit niemand bleibt, der *Haram* isst …

Cemil Şahinöz, Gütersloh, August 2012

Einführung – Warum halal essen?

Zu Beginn sei gesagt, dass nicht einmal Tiere oder gewisse Pflanzen ihnen verbotene Speisen zu sich nehmen. Sie halten sich konsequent an die Gebote ihres Schöpfers und befolgen sie. So ist es auch dem Menschen als Krone der Schöpfung auferlegt, sich an diese Speiseregeln zu halten.

Im Qur'an beschreibt der Schöpfer die Speisevorschriften folgendermaßen:

> *„O ihr, die ihr glaubt, esset von den guten Dingen, die Wir euch bereitet haben, und seid Allah dankbar, wenn ihr Ihm allein dient. Verboten hat Er euch nur (den Genuss von) natürlich Verendetem, Blut, Schweinefleisch und dem, worüber etwas anderes als Allah angerufen worden ist. Wenn aber jemand (dazu) gezwungen ist, ohne (es) zu begehren und ohne das Maß zu überschreiten, so trifft ihn keine Schuld; wahrlich, Allah ist Allverzeihend, Barmherzig."* (2:172–173)

Ähnlich heißt es in einem anderen Qur'anvers:

> *„Verwehrt hat Er euch nur das von selbst Verendete und Blut und Schweinefleisch und das, worüber ein anderer Name als Allahs angerufen worden ist. Wer aber genötigt wird, (davon zu essen,) ohne die Gebote übertreten zu wollen und ohne das Maß zu überschreiten –, wahrlich, Allah ist dann Allverzeihend, Barmherzig."* (16:115)

In diesen Versen werden also alle Tiere, die eines natürlichen Todes gestorben sind – Blut, Schweinefleisch und Tiere, die nicht im Namen Allahs geschlachtet wurden – verboten. Nur in lebensnotwendigen Situationen könne davon gegessen werden. Es ist jedoch nicht nur der Verzehr von Schweinefleisch verboten, sondern auch von anderen Fleischsorten, wie z. B. Hunden oder Katzen. Im Allgemeinen sind Raubtiere, Tiere mit Klauen, Aasfresser, Insekten, die unter der Erde leben, *Haram* – mit geringfügigen Abweichungen in den einzelnen Rechtsschulen.

Der Grund, warum auf bestimmte Tiere verzichtet wird, ist, dass Allah diese Tiere nicht zum menschlichen Verzehr erschaffen hat. In der Schöpfung Gottes gibt es keine Zufälle oder Verschwendungen. Jedes Geschöpf hat einen Sinn. So sind einige Tiere dazu erschaffen, auch gegessen zu werden, und andere wiederum nicht.

Das Alkoholverbot wird ebenfalls im Qur'an erwähnt:

> *„Ihr Gläubigen! Wein, das Losspiel, Opfersteine und Lospfeile sind (ein wahrer) Greuel und Teufelswerk. Meidet es! Vielleicht wird es euch (dann) wohl ergeben."* (5:90)

Und Sa'd bin Abi Waqqas sagte einmal zum Propheten (sas)[1]: „Bete für mich, damit meine Bittgebete (immer) angenommen werden." Der Prophet (sas) erwiderte:

> *„Esse vom Halal, dann werden deine Bittgebete erhört. Wahrlich, bei Allah, die Bittgebete dessen, der einen verbotenen Bissen schluckt, werden für vierzig Tage nicht angenommen. Wahrlich, wer Fleisch verzehrt, welches aus Verbotenem oder Zinsen gezahlt wurde, gehört dem Höllenfeuer an."*

---

1 Abkürzung für die Segensformel, die man über den Propheten spricht: sallalahu'alaihi wa sallim / Allah segne ihn und schenke ihm Heil.

Abu Huraira überliefert, dass der Prophet Muhammed (sas) Folgendes gesagt hat:

> *„Allah ist rein und akzeptiert nur das Reine.*
> *Er sagt: ‚O ihr Gesandten, esset von den reinen Dingen und*
> *tut Gutes. Wahrlich, Ich weiß recht wohl, was ihr tut.'"*
>
> (23:51)

Was Allah den Propheten auferlegt hat, das legt er auch den Gläubigen auf:

> *„O ihr, die ihr glaubt, esset von den guten Dingen, die*
> *Wir euch bereitet haben."* (2:172)
> *„Stellt euch einen Mann vor, der eine lange Reise macht.*
> *Seine Kleidung ist beschmutzt, er ist voller Dreck. In solch*
> *einem Zustand erhebt er seine Hand und betet ‚Oh Allah,*
> *Oh Allah'. Doch was er isst, trinkt und an Kleidung trägt,*
> *ist Haram. Er hat sich immer vom Verbotenen ernährt.*
> *Kann das Gebet[2] einer solchen Person angenommen werden?"*

Damit unsere Gebete und Gottesdienste[3] angenommen werden, ist es also wichtig, darauf zu achten, dass man sich *Halal* ernährt. Der Prophet (sas) sagte hierzu: „Das Herz einer Person, die vierzig Tage lang Halal-Speisen zu sich nimmt, ohne diese mit Haram zu mischen, wird durch Allah mit Licht erfüllt. Von seinem Herzen lässt Er zu seinem Munde Flüsse der Weisheit fließen."

Daraus schlussfolgerte Sufyan bin 'Uyainah:

> *„Wer Halal isst und mit einem reinen Herzen vierzig Tage*
> *lang Gottesdienst verrichtet, dessen Herz wird erleuchtet und*
> *er spricht Weisheit."*

---

2 arabisch: Du'a
3 arabisch: 'Ibadaat

In einem anderen Hadith sagte der Prophet (sas) folgendes:

> *„Allah hat über der Moschee al Aqsa in Jerusalem einen*
> *Engel platziert. Dieser Engel sagt, dass Allah nicht zufrieden*
> *sein wird mit denen, die Haram essen. Deren Pflichten[4] und*
> *freiwillige Handlungen[5] werden nicht akzeptiert."*

Laut Abdullah Islah 'Ali ist einer der Gründe, warum man keine Freude am Gottesdienst verspürt, das Essen von Verbotenem oder Zweifelhaftem[6]. Wer *Haram* isst, dem sei demnach der Weg zu Allah verschlossen.

In einem anderen Hadith sagte der Prophet (sas), dass Allah den verbotenen Sachen keinen Heilungseffekt gegeben hat[7].

Uwayd bin Ward sagte, dass, wenn man nicht darauf achtet, was in den Magen kommt, man nicht errettet werden kann, egal, was man auch tut. Dhu'n-Nun al-Misri war der Meinung, dass jemand, der zwei Brotstücke in die Hand bekommt und sie isst, ohne zu fragen, welches Halal ist, nicht auf den rechten Weg kommen kann. Ein Muslim leistet also nicht nur mit seinen Pflichtgebeten einen Gottesdienst, sondern auch, indem er ganzheitlich auf seine Lebensweise achtet. Ein Muslim hat eine Verantwortung vor der gesamten Schöpfung. So wird z. B. auch bei der *Halal*-Schlachtung darauf geachtet, dass mit dem Tier verantwortungsvoll umgegangen wird.

---

[4] arabisch: Fard
[5] arabisch: Sunna / Tradition des Propheten
[6] Zweifel darüber, ob es *Halal* oder *Haram* ist.
[7] Al-Buharyy

Yayha bin Muaz-i Razi verglich das *Halal*-Essen mit einem Schlüssel:

> *„Sich Allah hinzugeben ist wie ein Schatz. Der Schlüssel dieses Schatzes ist das Bittgebet und die Zähne des Schlüssels ist das Halal-Essen."*

Abu Bakr (ra)[8], der erste Kalif und Schwiegervater des Propheten, trank eines Tages Milch, die ihm angeboten wurde. Als er merkte, dass diese Milch auf *Haram*-Wegen zu ihm kam, tat er alles, um sie wieder auszuspucken. Er gab sich so viel Mühe, dass sich Beobachter dachten, er würde gleich sterben. Danach hob er seine Hände und betete: „Oh Allah. Ich habe getan, was in meiner Macht steht. Ich suche Zuflucht bei Dir vor dem, was noch in meinen Adern geblieben ist." Als der zweite Kalif Omar (ra) aus Versehen Milch von den Zakah[9]-Kamelen trank, machte er genau das gleiche wie Abu Bakr (ra).

Wahab bin Ward achtete sehr auf *Haram* und *Halal*. Als seine Mutter ihm eines Tages Milch brachte, fragte er zunächst, woher diese Milch kam und wie sie diese bezahlt hatte. Danach wollte er noch wissen, wo das Schaf, von der diese Milch kam, gegessen hatte. Als er erfuhr, dass das Schaf auf einer Weide gefressen hatte, die ihm nicht zustand, verzichtete er auf diese Milch. Hier wird deutlich, dass ein Muslim eine Verantwortung für die gesamte Umwelt hat. Auch wenn eine sichere Nachverfolgung in der modernen Konsumgesellschaft nicht oder nur bedingt gegeben ist, sollte man, soweit noch nachvollziehbar ist, ob eine Speise auf *Haram*- oder *Halal*-Wegen zum Endort gekommen ist, darauf achten, dass es *Halal* ist.

---

[8] Abkürzung der Segensformel, die man auf die Gefährten des Propheten spricht: radi' Allahu'anhu / Möge Allah mit ihm zufrieden sein

[9] Eine spezielle Pflicht-Abgabe, die Bedürftigen zusteht.

In weiteren Qur'anversen fordert Allah dazu auf, nur von Erlaubtem zu essen:

> *„O ihr Menschen, esset von dem, was es auf der Erde an*
> *Erlaubtem und Gutem gibt, und folgt nicht den Fußstapfen*
> *des Satans; denn er ist euer offenkundiger Feind."* (2:168)

> *„Und esset von dem, was Allah euch gegeben hat: Erlaubtes,*
> *Gutes. Und fürchtet Allah, an Den ihr glaubt."* (5:88)

> *„So esset von dem, was ihr erbeutet habt, soweit es erlaubt*
> *und gut ist, und fürchtet Allah. Wahrlich, Allah ist*
> *Allvergebend, Barmherzig."* (8:69)

> *„Darum esset nun von den erlaubten guten Dingen, womit*
> *Allah euch versorgt hat; und seid dankbar für Allahs Huld,*
> *wenn Er es ist, Dem ihr dient."* (16:114)

Gleichermaßen verbietet Allah Dinge, die Er für erlaubt erklärt hat, als verboten zu deklarieren oder umgekehrt:

> *„Und sagt nicht aufgrund der Falschheit eurer Zungen: ‚Das*
> *ist erlaubt, und das ist verboten', so dass ihr eine Lüge gegen*
> *Allah erdichtet. Wahrlich, diejenigen, die eine Lüge gegen*
> *Allah erdichten, haben keinen Erfolg."* (16:116)

Verschwendung jedoch ist nie erlaubt, egal ob das Gegessene *Halal* oder *Haram* ist:

> *„Esst, trinkt, aber seid dabei nicht verschwenderisch."* (7:31)

In Bezug auf das Thema Paradies und *Halal*-Essen gibt es einige Ahadith des Propheten (sas):

> *„Wer Halal isst, sich gemäß der Sunna verhält und*
> *niemandem etwas Schlechtes tut, der tritt ins Paradies ein."*[10]

---

[10] Tirmizi, Sıfatu'l-Kıyâmet, 2640

„Blut und Fleisch, das sich vom Haram ernährt, kann nicht ins Paradies eintreten; es ist nur der Hölle würdig."[11]

„Ein Körper, der sich mit Haram ernährt, kann nicht ins Paradies eintreten."[12]

Hierbei spielt natürlich die Absicht eine große Rolle. Daher beziehen sich diese Aussagen auf ein bewusstes Essen von Haram.

Alaa-ud-Daula Salmani sagte, dass der Samen der Taten des Menschen das ist, was er isst. Daher solle man stets wissend essen. Abu Bakr al-Betahihi machte eine ähnliche Aussage. Laut ihm begeht der Mensch gute Taten, wenn sich in seinem Bauch *Halal* befindet. *Haram* im Bauch würde einen Vorhang zwischen dem Menschen und Allah spannen.

Abdul Wahid bin Zayd sagte zu diesem Thema Folgendes:

„Wer seinen Bauch vor Haram schützt, kann seinen Glauben und seine Moral bewahren. Und wer seinen Bauch nicht vor Haram schützt, kann weder seinen Glauben noch seine Moral bewahren."

Der Prophet Muhammed (sas) sagte Folgendes: „Wenn du vier Sachen besitzt, kann nichts, was du auf der Welt nicht besitzt, dir schaden. Diese sind das anvertraute Gut aufzubewahren, Gutes zu sprechen, gutes Benehmen und *Halal* zu essen."[13]

Aus diesen Erläuterungen ergibt sich die Wichtigkeit des erlaubten Speisens. Und genau dies soll das vorliegende Buch erleichtern. Anhand dieses Buches und der nachfolgenden Tabelle soll den Muslimen beim Speisen von Erlaubtem eine Hilfe geschaffen werden. Einige Hinweise hierzu folgen im nächsten Kapitel.

---

[11] Ghazali

[12] Mişkâtu'l Mesâbih, 2787; Keşfu'l Hafâ, 2632

[13] Ghazali

Hinweise

In dieser leicht verständlichen Tabelle befinden sich zahlreiche Produkte, die alphabetisch geordnet sind. Direkt neben dem Produktnamen befinden sich die Spalten „Tierisch": 🥩 und „Alkohol": 🍷

- ✔ in diesen Spalten bedeutet, dass dieses Produkt keine tierischen oder alkoholische Inhaltsstoffe enthält.
- ✘ in diesen Spalten bedeutet, dass dieses Produkt tierische oder alkoholische Inhaltsstoffe enthält. Wenn in Klammern etwas dahinter steht, gilt das "Nein" nur für diese Zutat.
- ◆ kommt nur bei Gesamtprodukten der Hersteller vor. Diese Bezeichnung bedeutet dann, dass dieser Hersteller sowohl Produkte hat, bei denen tierisches (oder Alkohol) vorhanden ist, als auch Produkte, bei denen diese Zutaten nicht vorhanden sind. Man muss also dann direkt beim Produktnamen schauen.
- – Wenn in der Spalte **ein Strich** steht, bedeutet dies, dass der Hersteller diese Frage nicht beantwortet hat.
- [1,2...] Befindet sich eine einschränkende Fußnote an einem grünen Haken, bedeutet dies, dass sich die Angabe der Freiheit tierischer Produkte nur auf die Emulgatoren oder den Verzicht auf tierische Gelatine bezieht. Sofern die Inhaltsliste keinen *Haram*-Bestandteil aufweist, kann das Produkt verzehrt werden.

Falls ein Produkt nicht gefunden wird, versuch es unter dem *Herstellernamen*.

Auf die Bezeichnungen *Halal/Haram* haben wir bewusst verzichtet, da wir keine Fatwas aussprechen. Wir geben lediglich das wieder, was uns die Hersteller zu den Produkten gesagt haben. Deshalb gibt es hier nur die Kennzeichnung durch Farbgebung.

Die Tabelle ist nicht für Vegetarier geeignet, da wir Fisch nicht als tierisch deklariert haben, denn bei Fisch ist keine *Halal*-Schächtung notwendig. Daher würde es nur verwirren, dies in der tierischen Tabelle mit aufzuführen. Andere *Meeresfrüchte außer Fisch*, die nur in der hanefitischen Rechtsschule verboten sind, sind jedoch als Fleisch angegeben.

Auch für Veganer ist unsere Liste nicht geeignet, da wir *Eier, Milch, Butter* etc. nicht als tierisch bezeichnet haben.

Bei den Aromen haben wir uns für die Fatwa der Mehrheit der Gelehrten entschieden. Das heißt, Aromen sind in unserer Tabelle *nicht als Alkohol deklariert.*

Wenn jedoch Alkohol dem Produkt als Inhaltsstoff zugefügt wurde, egal wie gering die Menge auch ist, haben wir es als alkoholisch eingeteilt.

Lab haben wir in unserer Tabelle nicht als tierisch aufgeführt, da es für die Mehrheit der Gelehrten als *Halal* eingestuft wird.

Bei Säften, die mit Gelatine geklärt wurden, ist dies als tierisch eingestuft.

In der Kategorie „tierisch" haben wir nicht zwischen den *Tierarten* entschieden, da hier auch bei den erlaubten Tierarten keine *Halal*-Schächtung garantiert werden kann.

Dazu sei noch gesagt, dass diese Liste ohne Gewähr ist. Sie wurde mit besten Absichten erstellt und beinhaltet nur Produkte, zu denen die Hersteller Bezug genommen haben. Änderungen durch den Hersteller sind vorbehalten.

Die Tabelle

Produkt	🥩	🍷
5 GUM-Kaugummi	✔	✔
7up (Sevenup)	✔	✔
After Eight My Favourites		
Pralinenmischung in der Trüffelpraline	–	✘
Aldi Bacon Pep	✘	✔
— Breite Sticks Salz & Pfeffer	✔	✔
— Belight Flips	✔	✔
— Chips Baked Paprika	✘	✔
— Chips glatt Paprika	✔	✔
— Crackets	✘	✔
— Erdnussflips	✔	✔
— Feurich Chips Cracker Sourcream & Onion	✔	✔
— Feurich Chips Cracker Tomate-Pikant	✔	✔
— Feurich Kartoffelsticks Paprika	✔	✔
— Feurich Salzstangen	✔	✔
— Gourmet Chips Balsamico	✘	✔
— Gourmet Chips mit Meersalz & Pfeffer	✔	✔
— Gourmet Chips Thai Curry	✔	✔
— Kaffeeweißer (Campina, Friesland Deutschland)	✔	✔
— Kartoffelsticks Sweet Curry	✔	✔
— Kroepoek 35% Krabbenchips	✘	✔
— Nord Spirals Erdnuss-Chili	✔	✔
— Pepper Mix	✘	✔
— Ringe Paprika	✘	✔
— Sun Snacks Kartoffelsticks Wasabi	✔	✔
— Süd BeLight Chips Paprika	✔	✔
— Süd BeLight Riffels light würzig	✔	✔
— Süd Chips Baked Original	✔	✔
— Süd Spirals Erdnuss	✔	✔
— Süd Sun Snacks Sunnies	✔	✔
Alete Produkte	✔	–
Allgäuland Biojoghurt	✔	✔

🥩 Tierisch 🍷 Alkohol [1] gilt nur für die Emulgatoren [2] nur für Gelatine

Produkt	🍖	🍷
— Biojoghurt „Von Hier"	✔	✔
— Biojoghurt mit Früchten	✔	✔
Alpenmark-Delikate GOUDA Käsescheiben (Aldi-Süd)	✔	✔
Amanie Schoko & Keks Milch	✔	✔
Amicelli	✔	✔
Andechser Molkerei Joghurts (alle)	✔	✔
— Molkerei Naturjoghurts (alle)	✔	✔
Ani bisküvi	✔	✔
Apollinaris	✔	✔
— Active+	✔	✔
— Big Apple	✔	✔
— Lemon	✔	✔
Aqua Culinaris Aqua Plus Apfel	–	✘
— Aqua Plus Erdbeer	–	✘
— Aqua Plus Kirsche	–	✘
Arla Foods Produkte allgemein	–	✔
Atemgold	✔	✔
— Zuckerfrei	✔	–
Atrix Intensive Schutzcreme (Dose)	✔	✔
— Intensive Schutzcreme (Tube)	✔	✔
— Intensive Schutzcreme Parfümfrei (Dose)	✔	✔
— Professional Professionelle Repair-Creme (Tube)	✔	✔
Bäcker Bachmeier Bäckersemmeln 7er	✔	✔
— Bauernbrot 750 g	✔	✔
— Bierkellerbrot 1000 g	✔	✔
— Bio-Dinkel-VK-B. gesch 500 g	✔	✔
— Bio-Kerndlspitzen 3er	✔	✔
— Bio-Kornsemmeln 3er	✔	✔
— Bio-Kürbiskruste 750 g	✔	✔
— Bio-Laugenzöpferl 2er	✔	✔
— Bio-Roggenkastenbrot 750 g	✔	✔
— Bio-Sonnenblumenbrot 750 g	✔	✔
— Bio-Sprossenbrot geschn. 500 g	✔	✔

[3] nur für Emulgator Mono- und Diglyceride [4] Schweinefleisch [5] in Spuren

Produkt	🐄	🍷
— Bio-Steinofenbrot 750 g	✔	✔
— Butterstollen 200 g	–	✘
— Ciabatta-Olive 350 g	✔	✔
— Ciabatta-Originale 400 g	✔	✔
— Ciabatta-Peperoni 350 g	✔	✔
— Ciabattasemmeln 5er	✔	✔
— Diab. Butterstollen	–	✘
— Donuts	✔	–
— Eierlikörkrapfen	–	✘
— Eierlikörkuchen	–	✘
— Eierlikörschnitten	–	✘
— Elisenlebkuchen einzeln weiß	–	✘
— Fächertorte	–	✘
— Finnenbrot geschn. 500 g	✔	✔
— Flockensahneschnitten	–	✘
— Franken-Bauernbrot 1500 g	✔	✔
— Früchtecocktailtorte	–	✘
— Ganaschtorte	–	✘
— Granatsplitter	–	✘
— Hausbrot geschn. 750 g	✔	✔
— Ital. Weißbrot 1000 g	✔	✔
— Kartoffelbrot 500 g	✔	✔
— Kirschcremetorte	–	✘
— Kirschsahne	–	✘
— Kirsch-Sahneschnitten	–	✘
— Knödelbrot 250 g	✔	✔
— Könerciabattasemmeln 5er	✔	✔
— König-Ludwig-Laib 700 g	✔	✔
— Kornecken 3er	✔	✔
— Kornecken PD 3er	✔	✔
— Kornsemmel Mix 6er	✔	✔
— Kornsemmeln gem. 4er Pack	✔	✔
— Krapfen beschwipst	–	✘

🐄 Tierisch 🍷 Alkohol ¹ gilt nur für die Emulgatoren ² nur für Gelatine

Produkt	🍖	🍷
— Krustenbrot-Schnitten 500 g	✔	✔
— Krusterl 400 g	✔	✔
— Kürbisk.-SB-Brot geschn. 500 g	✔	✔
— Kürbisk.-SB-Semmeln 3er	✔	✔
— Kürbisk.-SB-Semmeln PD 3er	✔	✔
— Kürbiskernbrot geschn. 750 g	✔	✔
— Laugenbaguette 400 g	✔	✔
— Laugenbrezeln 4er	✔	✔
— Laugenbrezeln PD 3er	✔	✔
— Laugengebäck 5er	✔	✔
— Laugensemmel Mix 6er	✔	✔
— Laugensemmeln mit Sesam	✔	✔
— Laugensemmeln PD 3er	✔	✔
— Laugenstangerl 4er	✔	✔
— Laugenstangerl mit Sesam	✔	✔
— Laugenstangerl PD 3er	✔	✔
— Leinsamenbrot-Schnitten 500 g	✔	✔
— Mandel-Schokotorte	–	✘
— Marzipanschnitten	–	✘
— Mehrkornsemmeln 3er	✔	✔
— Mini-Partymix	✔	✔
— Mischbrot 1000 g	✔	✔
— Mischbrot 750 g	✔	✔
— Moccacremetorte	–	✘
— Nusscremetorte	–	✘
— Olivenölsemmeln 5er	✔	✔
— Osterküken	–	✘
— Panini 5er	✔	✔
— Partykranz 7er	✔	✔
— Partysemmeln 8er	✔	✔
— Prinzregententorte	–	✘
— Prinzschnitten	–	✘
— Ratsherrentorte	–	✘

[3] nur für Emulgator Mono- und Diglyceride [4] Schweinefleisch [5] in Spuren

Produkt	🐷	🍷
— Riesenbreze 250 g	✔	✔
— Roggensemmeln 3er	✔	✔
— Roggensemmeln PD 3er	✔	✔
— Rouladentorte	–	✘
— Rumstollen 200 g	–	✘
— Sacherecken	–	✘
— Sachertorte	–	✘
— Schokoladensahne	–	✘
— Schokoschnitten	–	✘
— Sonnenblumenbrot 750 g	✔	✔
— Spitzbaguette 350 g	✔	✔
— Spitz-Baguettesemmeln 3er	✔	✔
— Stadlbrot 700 g	✔	✔
— Tiramisu	–	✘
— Tiramisutorte	–	✘
— Tropicanerkuchen spezial	–	✘
— Trüffeltorte	–	✘
— Unser Roggen 750 g	✔	✔
— Vitalbrot geschn. 500 g	✔	✔
— Vitalbrot geschn. 750 g	✔	✔
— Zwiebelkrusterl 400 g	✔	✔
Backhefe (Deutsche Hefewerke GmbH)	✔	✔
Bahlsen Blätterbrezeln	✔	✔
— Chokini	✔	✔
— Croissini	✔	✔
— Deloba	✔	✔
— Feinster Gewürzspekulatius	✔	✔
— Feinster Mandelspekulatius	✔	✔
— Hobbits kernig	✔	✔
— Kipferl	✔	✘
— Kuchen (allgemein)	✔	✘
— Leibniz Diät Butterkeks	✔	✔
— Leibniz Zoo Bauernhof	✔	✔

🐷 Tierisch 🍷 Alkohol ¹ gilt nur für die Emulgatoren ² nur für Gelatine

Produkt	🥩	🍷
— Vollkorn Müslikeks	✔	–
Baktat Produkte (wenn ✔ dann mit Halal Zertifikat)	◆	✔
Balea A.Make-up Entf-Pads ölfrei 100 St	✔	–
— A.Make-up Entf-Pads ölhaltig 100 St	✔	–
— Aktivierende Augenpflege 15 ml	✔	–
— Anti-Age Maske Meereskamille 2×8 ml	✔	–
— Anti-Falten Konzentrat 7 St	✔	–
— Aqua Augen Roll-On 15 ml	✔	–
— Aqua Feuchtigkeitsserum 30 ml	✔	–
— Aqua Feuchtigkeitspflege 50 ml	✔	–
— Aqua Marine Bodyfluid 200 ml	✔	–
— Aqua Tuchmaske 1 St	✔	–
— Arzt Seife 300 ml	✔	–
— Augen Konzentrat 5 St	✔	–
— Augencreme Q10+Omega 15 ml	✔	–
— Augen-Make-up Entf. 2Phasen 100 ml	✔	–
— Augen-Make-up Entferner 100 ml	✔	–
— Bademomente Sense of Hawaii 80 g	✔	–
— Bademomente Sense of India 80 g	✔	–
— Bademomente Sense of Japan 80 g	✔	–
— Bademomente sortiert 80 g	✔	–
— Beauty Effect 24h Spezial 50 ml	✔	–
— Beauty Effect Collagenfiller 30 ml	✔	–
— Beauty Effect Eye Lift Serum 15 ml	✔	–
— Beauty Effect Hyalur. Booster 10 ml	✔	–
— Beauty Effect Lifting Kur 7×1 ml	✔	–
— Beauty Effect Power Maske 50 ml	✔	–
— Beauty Effect Tagesfluid 50 ml	✔	–
— Beruhigende Hautcreme 125 ml	✔	–
— Best Age Bodylotion 400 ml	✔	–
— Best Age Creme-Öl Lotion 250 ml	✔	–
— Blasenpflaster 8 St	✔	–
— Body Soft-Öl-Balsam 200 ml	✔	–

[3] nur für Emulgator Mono- und Diglyceride [4] Schweinefleisch [5] in Spuren

Produkt	🍖	🍷
— Bodylotion 500 ml	✔	–
— Bodylotion Urea PG 50 ml	✔	–
— Bodyöl Lemongras 150 ml	✔	–
— Cell Energy Nachtelixier 50 ml	✔	–
— Cell Energy Nachtelixier PG 5 ml	✔	–
— Cell Energy Serum 30 ml	✔	–
— Cell Energy Tageselixier 50 ml	✔	–
— Cell Energy Tageselixier PG 5 ml	✔	–
— Cellulite Algenwickel 2×50 g	✔	–
— Cellulite Body Creme 300 ml	✔	–
— Cellulite Duschgel 200 ml	✔	–
— Cellulite Gel-Creme 200 ml	✔	–
— Cellulite Meersalz-Ölpeel. 300 g	✔	–
— Clear-up Stripsf.j. Hauttyp 6 St	✔	–
— Color & Care Haarspray 250 ml	✔	–
— Color & Care Mousse 250 ml	✔	–
— Creme Bad sort. 750 ml	✔	–
— Creme Peeling f.j. Hauttyp 75 ml	✔	–
— Creme Seife Karamell-Traum 500 ml	✔	–
— Creme Seife Mango + Papaya 500 ml	✔	–
— Creme Seife Sensitive 500 ml	✔	–
— Creme-Öl Dusche sortiert 250 ml	✔	–
— Cremeseife Mango + Papaya NF 500 ml	✔	–
— Cremeseife Milch + Honig NF 500 ml	✔	–
— Cremeseife Sensitive NF 500 ml	✔	–
— D & S for Kids Australien 300 ml	✔	–
— D & S for Kids Tropen 300 ml	✔	–
— Dekolleté Serum 100 ml	✔	–
— Deo Compact 20 ml	✔	–
— Deo Compact Sensitive 20 ml	✔	–
— Deo Kristall 100 g	✔	–
— Deo Roll-on 50 ml	✔	–
— Deo Roll-on Extra sortiert 50 ml	✔	–

🍖 Tierisch 🍷 Alkohol   ¹ gilt nur für die Emulgatoren   ² nur für Gelatine

Produkt	🥩	🍷
— Deo Roll-on Extra St Nacht 50 ml	✔	–
— Deo Roll-on Extra Stark 50 ml	✔	–
— Deo Roll-on Nacht sortiert 50 ml	✔	–
— Deo Roll-on Pure 50 ml	✔	–
— Deo Roll-on Pure Minerals 50 ml	✔	–
— Deo Roll-on Sensitive 50 ml	✔	–
— Deo Roll-on Soft & Pearls 50 ml	✔	–
— Deo Roll-on sortiert 50 ml	✔	–
— Deo ZerstäuberExtra sortiert 50 ml	✔	–
— Deo ZerstäuberExtra Stark 50 ml	✔	–
— Deospray Cashmere 200 ml	✔	–
— Deospray Cocos 200 ml	✔	–
— Deospray Dry Skin 200 ml	✔	–
— Deospray PG sort. 50 ml	✔	–
— Deospray Sensitive 200 ml	✔	–
— Deospray sortiert 200 ml	✔	–
— Deospray Triple Effect 200 ml	✔	–
— Deospray Vanille 200 ml	✔	–
— Deostick Dry Skin 50 ml	✔	–
— Deostick Sensitive 50 ml	✔	–
— Deostick sortiert 50 ml	✔	–
— Deotücher 8 St	✔	–
— Deotücher Sensitive 8 St	✔	–
— Druckstellen-Schutz 6 St	✔	–
— Dusche & Ölperl. sortiert 250 ml	✔	–
— Dusche + Creme sortiert 300 ml	✔	–
— Duschgel 300 ml	✔	–
— Duschgel Limette & Aloe PG 50 ml	✔	–
— Duschgel PG sortiert 50 ml	✔	–
— Duschgel Rubin 300 ml	✔	–
— Duschgel Wellness Lemongras PG 50 ml	✔	–
— Duschgel Wellness Wasserlilie PG 50 ml	✔	–
— Duschöl 250 ml	✔	–

[3] nur für Emulgator Mono- und Diglyceride [4] Schweinefleisch [5] in Spuren

Produkt	🔴	🍷
— Dusch-Peeling Golden Touch 200 ml	✔	–
— Dusch-Peeling sort. 200 ml	✔	–
— Einwegrasierer mit 2-Klingen 5 St	✔	–
— Enthaarungscreme 125 ml	✔	–
— Erfri. Reinig.tücher 3 in 1 25 St	✔	–
— Extra Power Haarspray 150 ml	✔	–
— Extra Power Haarspray 250 ml	✔	–
— Extra Power Haarspray PG 100 ml	✔	–
— Extra Power Mousse 250 ml	✔	–
— Extra Power Mousse PG 50 ml	✔	–
— Extra Power Styling Gel PG 30 ml	✔	–
— Face Gesichtswasser sort. 200 ml	✔	–
— Face pflegende Reinig.tücher PG 10 St	✔	–
— Face Tagescr. Q10+Omega PG 5 ml	✔	–
— Fantastique 5Kl. App. 1 St + 1 Kl.	✔	–
— Fantastique Klingen 4 St	✔	–
— Fersenschutz 2 St	✔	–
— Feuchtigkeits Konzentrat 7 St	✔	–
— Fleecesohlen sort. 2 St	✔	–
— Flex & Glossy Haarspray 250 ml	✔	–
— Flex & Glossy Mousse 250 ml	✔	–
— Föhnlotion 150 ml	✔	–
— Forming Cream 150 ml	✔	–
— Forming Water 150 ml	✔	–
— Frischesohlen 16 St	✔	–
— Frischesohlen large 16 St	✔	–
— Frischesohlen medium 16 St	✔	–
— Frischesohlen schwarz large 16 St	✔	–
— Frischesohlen schwarz medium 16 St	✔	–
— Frischesohlen schwarz small 16 St	✔	–
— Frischesohlen small 16 St	✔	–
— Fuss Bein Eisgel 100 ml	✔	–
— Fuss Bimsschwamm 1 St	✔	–

🔴 Tierisch 🍷 Alkohol ¹ gilt nur für die Emulgatoren ² nur für Gelatine

Produkt	🥩	🍷
— Fuss Doppelfussfeile 1 St	✔	–
— Fuss Fuss Deospray 200 ml	✔	–
— Fuss Fuss Peeling 100 ml	✔	–
— Fuss Fuss Vitalbad 450 g	✔	–
— Fuss Hornhautfeile 1 St	✔	–
— Fuss Schuh Deospray 200 ml	✔	–
— Fusspuder 100 g	✔	–
— GEL 30 ml	✔	–
— GEL Styling + Wet Gel 150 ml	✔	–
— Gesichtswassernorm/M. Haut 200 ml	✔	–
— Gesichtswassertro./sen. Haut 200 ml	✔	–
— Getönte Feuchtcreme bronze 50 ml	✔	–
— Getönte Feuchtcreme naturell 50 ml	✔	–
— Haarmilch 200 ml	✔	–
— Haarspray DP sort. 2 x 250 ml	✔	–
— Haarspray sort. 100 ml	✔	–
— Haarspray sort. 250 ml	✔	–
— Haarwasser Birke 500 ml	✔	–
— Hand & Nagel Balsam Tube 125 ml	✔	–
— Handcreme Olive 100 ml	✔	–
— Handcreme Q10 100 ml	✔	–
— Handcreme Urea 100 ml	✔	–
— Hornhautraspel 1 St	✔	–
— Hygiene-Handgel 300 ml	✔	–
— Hygiene-Reinig. Tücher 10 St	✔	–
— Hygienehandgel PG 50 ml	✔	–
— Kaltwachsstreifen 20 St	✔	–
— Kaltwachsstreifen Mini 20 St	✔	–
— Konzentrate sortiert 7 St	✔	–
— Körpercreme Cocos 500 ml	✔	–
— Körpercreme Rubin 200 ml	✔	–
— Körperpeeling sort. 200 ml	✔	–
— Kräuter Shampoo 500 ml	✔	–

[3] nur für Emulgator Mono- und Diglyceride [4] Schweinefleisch [5] in Spuren

Produkt	🍖	🍷
— Lippenbalsam Aloe Vera 10 ml	✔	–
— Magic Summer Bodylotion dkl. 250 ml	✔	–
— Magic Summer Bodylotion hell 250 ml	✔	–
— Magic Summer Bodylotion sor. 250 ml	✔	–
— Maske Q10+Omega 50 ml	✔	–
— Med Hydro Körperbalsam 250 ml	✔	–
— Med Hydro Körperbalsam PG 50 ml	✔	–
— Med ph-Hautn. 24h Feuchtigkeit 50 ml	✔	–
— Med ph-Hautn. Cremeöl-Dusche 300 ml	✔	–
— Med ph-Hautn. Deo Roll-on 50 ml	✔	–
— Med ph-Hautn. Duschgel 300 ml	✔	–
— Med ph-Hautn. Handcreme 75 ml	✔	–
— Med ph-Hautn. Shampoo 300 ml	✔	–
— Med ph-Hautn. Waschlotion NF 500 ml	✔	–
— UltraSens. Dusche 250 ml	✔	–
— Med UltraSens. Gesichtswasser 200 ml	✔	–
— Med UltraSens. Körperlotion 250 ml	✔	–
— Med UltraSens. Nachtcreme 50 ml	✔	–
— Med UltraSens. Rein. Milch 200 ml	✔	–
— Med UltraSens. Tagescreme 50 ml	✔	–
— Med Wasch-Lotion Spender 300 ml	✔	–
— Melkfett sortiert 150 ml	✔	–
— Mild. Waschgelnorm/Mischhaut 150 ml	✔	–
— Milde Seife (Kids) sort. 300 ml	✔	–
— Milde Seife Afrika 300 ml	✔	–
— Milde Seife antibakteriell 300 ml	✔	–
— Milde Seife Flowers 300 ml	✔	–
— Milde Seife sortiert 300 ml	✔	–
— Milde Seife Zitronengras 300 ml	✔	–
— Mystique Apparat + 1 Klinge	✔	–
— Mystique Klingen 6 St	✔	–
— Nachtcreme f.jeden Hauttyp 50 ml	✔	–
— Outdoor Aktiv Tagescreme 50 ml	✔	–

🍖 Tierisch 🍷 Alkohol   ¹ gilt nur für die Emulgatoren   ² nur für Gelatine

Produkt	🍖	🍷
— Peeling Gel norm/Misch. H. 75 ml	✔	–
— Pfleg. Reinig.tücher 1/4 Ch. 448 St	✔	–
— Pfleg. Reinig.tücher 3 in 1 25 St	✔	–
— Pflegende Lotion Pads 35 St	✔	–
— Power Volume Haarspray 250 ml	✔	–
— Power Volume Haarspray PG 100 ml	✔	–
— Power Volume Mousse 250 ml	✔	–
— Power Volume Mousse PG 50 ml	✔	–
— Prof. Glatt + Glanz Int.Ser. 50 ml	✔	–
— Prof. Glatt + Glanz Shampoo 250 ml	✔	–
— Prof. Glatt + Glanz Spray 150 ml	✔	–
— Prof. Glatt + Glanz Spülung 200 ml	✔	–
— Prof. Int. Kur Glatt+Glanz 20 ml	✔	–
— Prof. Pure + Fresh Shampoo 250 ml	✔	–
— Professional Blond Glanz Kur 150 ml	✔	–
— Professional Blond Int. Kur 20 ml	✔	–
— Professional Blond Shampoo 250 ml	✔	–
— Professional Blond Spülung 200 ml	✔	–
— Professional Braun Glanz K. 150 ml	✔	–
— Professional Braun Int. Kur 20 ml	✔	–
— Professional Braun Shampoo 250 ml	✔	–
— Professional Braun Spülung 200 ml	✔	–
— Professional Lock.Pow.spray. 150 ml	✔	–
— Professional Locken Rel.Ser. 50 ml	✔	–
— Professional Locken Shampoo 250 ml	✔	–
— Professional Locken Spülung 200 ml	✔	–
— Professional Rep. Nacht Kur 150 ml	✔	–
— Professional Rep. A.SplissSer. 30 ml	✔	–
— Professional Repair Int. Kur 20 ml	✔	–
— Pump-Haarspray/Lack 150 ml	✔	–
— Rasiergel Aloe Vera 150 ml	✔	–
— Rasiergel Aloe Vera 75 ml	✔	–
— Rasiergel Melone 150 ml	✔	–

[3] nur für Emulgator Mono- und Diglyceride [4] Schweinefleisch [5] in Spuren

Produkt	🐂	🍷
— Rasierschaum 150 ml	✔	–
— Reinigungs Milch j.Hauttyp 200 ml	✔	–
— RG Milk+ Peach 150 ml	✔	–
— S&C Deospray Oriental Secr.PG 50 ml	✔	–
— S&C Deospray sortiert PG 50 ml	✔	–
— S+C Rein.tüch. 48er 1/4-ChepDisp 1St	✔	–
— S+C Rein.tüch. DP+Box Aqua 1St	✔	–
— S+C Rein.tüch. DP+Box Cassis 1St	✔	–
— S+C Rein.tüch. DP+Box Pitaya 1St	✔	–
— S+C Rein.tüch. DP+Box sortiert 1St	✔	–
— Saisondusche sortiert 300 ml	✔	–
— Sanfte Wasch-Creme tro/sen. 150 ml	✔	–
— Sanftes Peeling Gel PG 20 ml	✔	–
— Schaumfestiger sort. 2x150 ml	✔	–
— Schaumfestiger sort. 50 ml	✔	–
— Schaumfestiger sort. 250 ml	✔	–
— Schuh Pads 2St	✔	–
— Schwefel Bimsschwamm 1St	✔	–
— Seife 150 g	✔	–
— Seife flüssig NF sort. 500 ml	✔	–
— Seife flüssig sort. 500 ml	✔	–
— Seife sortiert 150 g	✔	–
— Serum Q10+Omega 30 ml	✔	–
— Shampoo Anti-Schuppen 300 ml	✔	–
— Shampoo sort. 2x300 ml	✔	–
— Shampoo sort. 300 ml	✔	–
— Shampoo sort. 50 ml	✔	–
— Shampoo Vitalizing 300 ml	✔	–
— Shampoo Volumen 300 ml	✔	–
— Shine Gel Wax 75 ml	✔	–
— Soft+Care 3 in 1 150 ml	✔	–
— Soft+Care bel. Rein.tücher 25St	✔	–
— Soft+Care Deo-Spray Oriental 150 ml	✔	–

🐂 Tierisch 🍷 Alkohol ¹ gilt nur für die Emulgatoren ² nur für Gelatine

Produkt	🥓	🍷
— Soft+Care Feuchtigk.pflege 50 ml	✔	–
— Soft+Care Gesichtswasser 200 ml	✔	–
— Soft+Care klär. Waschgel 150 ml	✔	–
— Soft+Care klärReinig.tücher 25 St	✔	–
— Soft+Care mattier. Creme 50 ml	✔	–
— Soft+Care mildes Waschgel 150 ml	✔	–
— Soft+Care P&A Party Maske 2×7,5 ml	✔	–
— Soft+Care PG Feuchtigk.pflege 8 ml	✔	–
— Soft+Care Rein.tücher PG 10 St	✔	–
— Soft+Clear Anti-Pick. Maske 50 ml	✔	–
— Soft+Clear Anti-Pickel Gel 15 ml	✔	–
— Soft+Clear Anti-Pickel P. 36 St	✔	–
— Soft+Clear A-Pick. Roll-On 15 ml	✔	–
— Soft+Clear Feuchtigk.fluid 100 ml	✔	–
— Soft+Clear Gesichtswasser 200 ml	✔	–
— Soft+Clear IntNachtcreme 50 ml	✔	–
— Soft+Clear Reinigungstücher 25 St	✔	–
— Soft+Clear Thermomaske 2×6 ml	✔	–
— Soft+Clear Waschgel 150 ml	✔	–
— Soft+Clear Waschpeel. 2 in 1 150 ml	✔	–
— Sommerdusche sortiert 300 ml	✔	–
— Sprüh-Spülung Vitalizing 150 ml	✔	–
— Spülung Seidenglanz 300 ml	✔	–
— Spülung sort. 2×300 ml	✔	–
— Spülung sort. 300 ml	✔	–
— Straffende Bodylotion Q10 400 ml	✔	–
— Straffende Bodymilk Q10 400 ml	✔	–
— Tagescreme norm./Mischhaut 50 ml	✔	–
— Tagescreme Q10+Omega 50 ml	✔	–
— Tagescreme sortiert 50 ml	✔	–
— Tagescreme trock./sens.Haut 50 ml	✔	–
— Teebaumöl Fusscreme 100 ml	✔	–
— Teebaumöl Maske 2×8 ml	✔	–

[3] nur für Emulgator Mono- und Diglyceride [4] Schweinefleisch [5] in Spuren

Produkt	🐄	🍷
— Thermosohlen Gr-34–41 2 St	✔	–
— Thermosohlen Gr-42–46 2 St	✔	–
— Totes Meer Maske 16 ml	✔	–
— Trend it up Beschütz.Spray 200 ml	✔	–
— Trend it up Lockenkiller 150 ml	✔	–
— Trend it up Push-up Mousse 200 ml	✔	–
— Trend it up Stylinggel 150 ml	✔	–
— Trend it up Verlock. Mousse 250 ml	✔	–
— Trend it up Vol. Haarspray 300 ml	✔	–
— Trend it up wind. Haarlack 300 ml	✔	–
— Ultra Power Haarlack 250 ml	✔	–
— Ultra Power Mousse 250 ml	✔	–
— Ultra Power Wet Gel 150 ml	✔	–
— Urea Augencreme 15 ml	✔	–
— Urea Fusscreme 100 ml	✔	–
— Urea Nachtcreme 50 ml	✔	–
— Urea SOS-Serum 30 ml	✔	–
— Urea Tagescreme 50 ml	✔	–
— Vaseline Tiegel 125 ml	✔	–
— Verwöhn Bad sort. 500 ml	✔	–
— Verwöhnbad Magnolie Van. 500 ml	✔	–
— Verwöhnbad weißer Tee & Rose 500 ml	✔	–
— Vital Aktiv Tagescreme 50 ml	✔	–
— Vital Aufbauende Maske 50 ml	✔	–
— Vital Augen Roll-On 15 ml	✔	–
— Vital Creme Reinigungstücher 25 St	✔	–
— Vital Fluid gg. Pigmentfleck. 20 ml	✔	–
— Vital Gesichtswasser 200 ml	✔	–
— Vital Hals- und Konturenpflege 50 ml	✔	–
— Vital Pflege Konzentrat Kaps. 7 St	✔	–
— Vital Plus Intensivserum 30 ml	✔	–
— Vital Plus Tagescreme 50 ml	✔	–
— Vital regener. Nachtcreme 50 ml	✔	–

🐄 Tierisch 🍷 Alkohol   ¹ gilt nur für die Emulgatoren ² nur für Gelatine

Produkt	🥩	🍷
— Vital Reinigungsmilch 200 ml	✔	–
— Vitamin Shampoo 500 ml	✔	–
— Volumen PflegeMousse 150 ml	✔	–
— Volumen Shampoo PG 50 ml	✔	–
— Wellness Dusche Lemongras 300 ml	✔	–
— Wellness Dusche sortiert 300 ml	✔	–
— Wellness Dusche Wasserlilie 300 ml	✔	–
— Wellness Fuß & Schuh Deo 100 ml	✔	–
— Wellness Fuß Bade Kristalle 40 g	✔	–
— Wellness Fuß Lotion 100 ml	✔	–
— Wellness Samt Fuß Lotion 100 ml	✔	–
— Winterdusche Sweet Harmony 300 ml	✔	–
— Wohlfühl Bodylotion 400 ml	✔	–
— Wollplüsch Sohlen sort. 2 St	✔	–
— Young Bodylotion Turteltäubchen 400 ml	✔	–
— Young Deospray sortiert 150 ml	✔	–
— Young Deospray Raubkatze 150 ml	✔	–
— Young Deospray Raubkatze PG 50 ml	✔	–
— Young Deospray Turteltäubchen 150 ml	✔	–
— Young Dusche Raubkatze 250 ml	✔	–
— Young Dusche Turteltäubchen 250 ml	✔	–
— Young Duschgel sort. 250 ml	✔	–
Bayernland Balkankäse	✔[4]	✔
— Butterkäse Rolle	✔[4]	✔
— Camembert	✔[4]	✔
— Edamer	✔[4]	✔
— Edelpilzkäse	✔[4]	✔
— Frankenrolle	✔[6]	✔
— Frischkäse	✔[4]	✔
— Goldbutter	✔[4]	✔
— Gouda	✔[4]	✔
— Kerniger Frischkäse	✔[4]	✔
— Mozzarella	✔[4]	✔

[3] nur für Emulgator Mono- und Diglyceride [4] Schweinefleisch [5] in Spuren

Produkt	🥩	🍷
— Weißlacker	✔[4]	✔
Becel Diät für die warme Küche		
Diätetisches Streichfett 75%	✔	–
— Diät Kaffeeweißer	✔	–
— Diät Pflanzencreme 83% Fett	✔	–
— Diät Pflanzenfett	✔	–
— Diät Schmelzzart (Schmelzkäsetyp)	✔	–
— Milde Reife (Weichkäse-Typ)	✔	–
— Milde Reife mit grünem Pfeffer (Weichkäse-Typ)	✔	–
— Omega 3 Pflanzenöl	✔	–
— Original Fettreduzierte Diät Margarine	✔	–
— Pro activ Diät Halbfettmargarine	✔	–
— Pro activ Diät Milchgetränk	✔	–
— Vital Fettarme Diät Margarine 40% Fett	✔	–
Beckers Bester Fruchtsäfte	◆	✔
— Ananassaft	✔[2]	–
— Apfelsaft klar	✔[2]	–
— Apfelsaft naturtrüb	✔[2]	–
— Apfelsaftschorle	✔[2]	–
— Apfelsinensaft	✔[2]	–
— Bananen-Nektar	✔[2]	–
— BIO-Apfelsaft	✔[2]	–
— Birnensaft	✔[2]	–
— Frühstückssaft	✔[2]	–
— Frühstücksvitamine ACE	✔[2]	–
— Grapefruitsaft	✔[2]	–
— Heimische Früchte Apfelsaft klar	✔[2]	–
— Heimische Früchte Apfelsaft naturtrüb	✔[2]	–
— Heimische Früchte Apfel-Birne	✔[2]	–
— Heimische Früchte Apfel-Rhabarber	✔[2]	–
— Heimische Früchte Apfel-Schwarze Johannisbeere	✔[2]	–
— Kirsch-Nektar	✔[2]	–
— Mango-Nektar	✔[2]	–

🥩 Tierisch 🍷 Alkohol [1] gilt nur für die Emulgatoren [2] nur für Gelatine

Produkt	🍖	🍷
— Maracuja-Nektar	✔²	–
— Milder Orangensaft	✔²	–
— Milder Multi	✔²	–
— Multivitamin-Mehrfruchtsaft	✔²	–
— Naturel Apfel-Holunderblüte	✔²	–
— Naturel Apfel-Schwarze Johannisbeere	✔²	–
— Naturel Apfel-Zitrone	✔²	–
— Ocean Spray Cranberry Classic	✔²	–
— Ocean Spray Cranberry-Granatapfel	✔²	–
— Ocean Spray Cranberry-Kirsch	✘	–
— Ocean Spray Cranberry light	✔²	–
— Orangensaft	✔²	–
— Pfirsich-Nektar	✔²	–
— Rhabarber-Nektar	✔²	–
— Roter Multi-Vitamin Nektar	✘	–
— Roter Traubensaft	✔²	–
— Sauerkirsch	✘	–
— Sauerkirsch-Nektar	✘	–
— Schwarzer Johannisbeer-Nektar	✔²	–
— Smoothie Banane-Kirsch	✘	–
— Tomatensaft	✔²	–
— Traubensaft rot	✔²	–
— Weißer Traubensaft	✔²	–
— Zwetschgen-Nektar	✔²	–
Bellasan Sonnenblumenmargarine	✔	✔
Belsina Fruchtsäfte	◆	–
Berchtesgadener Land Bergbauern Cremiger Quark	✔	✔
— Frucht & Knusper	✔	✔
— Fruchtjoghurt	✔	✔
— Öko Qualität: Fruchtjoghurt	✔	✔
— Öko Qualität: Fruchtquark Erdbeere und Pfirsich-Aprikose	✔	✔
— Öko Qualität: Schlagrahm	✔	✔

³ nur für Emulgator Mono- und Diglyceride ⁴ Schweinefleisch ⁵ in Spuren

Produkt	🍖	🍷
— Öko Qualität: Vanillequark	✔	✔
— Schlagrahm	✔	✔
— Trinkjoghurt: Erdbeere	✔	✔
— Trinkjoghurt: Himbeer-Zitrone	✔	✔
— Trinkjoghurt: Multifrucht	✔	✔
— Trinkjoghurt: Schwarze Johannisbeere	✔	✔
Bertolli Aceto Balsamico di Modena	✔	–
— Antipasti Gegrillte Paprika	✔	–
— Antipasti Gegrillte Zucchini	✔	–
— Antipasti Gegrillte Zwiebeln	✔	–
— Antipasti Grüne Oliven ohne Stein	✔	–
— Antipasti Sonnengetrocknete Tomaten	✔	–
— Brotaufstrich 42% Fett	✔	–
— Condimento Balsamico Bianco	✔	–
— La Bruschetteria Pesto Pecorino	✔	–
— La Bruschetteria Tomaten Mozzarella	✔	–
— Olivenöl „Olio di Oliva"	✔	–
— Olivenöl extra vergine „Gentile"	✔	–
— Olivenöl extra vergine „Originale"	✔	–
— Olivenöl extra vergine „Robusto"	✔	–
— Pastasauce Kräuter	✔	–
— Pastasauce mild	✔	–
— Pastasauce scharf	✔	–
— Pesto di Ricotta (185 g Glas)	✔	–
— Pflanzencreme mit mildem Olivenöl 83% Fett	✔	–
— Sauce Arrabbiata (400 g Glas)	✔	–
— Sauce Basilikum (400 g Glas)	✔	–
— Sauce Gegrilltes Gemüse (400 g Glas)	✔	–
— Sauce Getrocknete Tomaten Oregano (400 g Glas)	✔	–
— Sauce Pecorino Käse Knoblauch (400 g Glas)	✔	–
— Vinaigrette Aceto Rosso	✔	–
— Vinaigrette Balsamico	✔	–
— Vinaigrette Basilikum	✔	–

🐷 Tierisch 🍷 Alkohol   ¹ gilt nur für die Emulgatoren ² nur für Gelatine

Produkt	🥩	🍷
— Vinaigrette Limone	✔	–
Bionade	✔	✔
Biscotto Jaffa Cake	✔	✔
bofrost Apfel-Butterstreusel-Schnitten	✔	–
— Apfelkörbchen – zum Selberbacken	✔	–
— Asia Knusper-Sticks	✔	–
— Asiatische Brantnudeln	✔	–
— Babymöhren	✔	–
— Bäckerbrötchen	✔	–
— Backofen frites	✔	–
— Backofen frites extra	✔	–
— Backofen Knusper Pommes	✔	–
— Backofen Kringel frites	✔	–
— Backofen Steakhouse Pommes	✔	–
— Backofen Herzogin-Kartoffeln	✔	–
— Backofen Kroketten	✔	–
— Backofen Röstis	✔	–
— Basmati-Gemüse-Reis	✔	–
— Big Box	✔	–
— Big Kakao	✔	–
— Big Mandel	✔	–
— Big Schoko	✔	–
— Big White	✔	–
— Bircher Müsli	✔	–
— Blattspinat	✔	–
— Blumenkohl	✔	–
— Blumenkohl-Käse-Nuggets	✔	–
— Bo*Erbsen „Petits Pois"	✔	■
— Bo*Erbsen, extra zart	✔	–
— BoBang	✔	–
— BoBlack	✔	–
— BoBömchen	✔	–
— Bofrost*free Apfel Kirsch Tasche	✔	–

Produkt	🥩	🍷
— Bofrost*free Apfelkuchen	✔	–
— Bofrost*free Big Schoko laktosefrei	✔	–
— Bofrost*free Bourbon Vanille Eiscreme	✔	–
— Bofrost*free Broccoli-Creme-Suppe	✔	–
— Bofrost*free Coupe Dame Blanche	✔	–
— Bofrost*free Eiscreme Schokosplitter	✔	–
— Bofrost*free Margherita-Pizza	✔	–
— Bofrost*free Mehrkornbrot	✔	–
— Bofrost*free Mehrkornbrötchen	✔	–
— Bofrost*free Mini-Sahnewindbeutel	✔	–
— Bofrost*free Penne Formaggi	✔	–
— Bofrost*free Sonntagsbrötchen	✔	–
— Bofrost*free Spätzle-Gemüse-Pfanne	✔	–
— Bofrost*free Waffelhörnchen	✔	–
— Bofrost*free Weißbrot	✔	–
— BoFruit „Fruchtkick"	✔	–
— BoNuss	✔	–
— Botlinchen	✔	–
— Bouillon-Gemüse	✔	–
— Bratkartoffeln	✔	–
— Brechbohnen	✔	–
— Broccoli-Cremesuppe	✔	–
— Broccoli-Röschen	✔	–
— Broccoli-Sahne-Gratin	✔	–
— Bunter Bohnensalat (Grillfolder)	✔	–
— Bunter Obstsalat	✔	–
— Butter-Apfelkuchen	✔	–
— Butter-Hefekrönchen-zum Selberbacken	✔	–
— Butterkuchen	✔	–
— Butterpfannengemüse	✔	–
— Camenbert, paniert	✔	–
— Champignons in Scheiben	✔	–
— Chinesische Gemüsepfanne	✔	–

🥩 Tierisch 🍷 Alkohol   ¹ gilt nur für die Emulgatoren ² nur für Gelatine

Produkt	🍖	🍷
— Creme Berliner	✔	–
— Crème-fraîche-Broccoli-Gemüsemischung	✔	–
— Däumling Vanille	✔	–
— Dessertbecher Café	✔	–
— Dessertbecher Dame Blanche	✔	–
— Dessertbecher Schwarzwälder-Kirsch	✔	–
— Dessertbecher Vanille-Karamell	✔	–
— Diät Apfel-Zwetschgen-Kuchen	✔	–
— Diät Becher Café	✔	–
— Diät Riesensandwich Fürst Pückler	✔	–
— Diät Schoko-Sahne-Cocktail	✔	–
— Dicker Bohnen	✔	–
— Donauwellen	✔	–
— Edles Pilzragout	✔	–
— Eiskonfekt Erdbeere	✔	–
— Eiskonfekt-Eis tradizionale	✔	–
— Erbsen und Kartoffeln	✔	–
— Erdbeeren	✔	–
— Erdbeershake	✔	–
— Familien-Box	✔	–
— Feine Gemüseauslese	✔	–
— Feine Obstmischung	✔	–
— Feiner Rahmkäsekuchen	✔	–
— Feinschmecker-Pilzmischung	✔	–
— Fruchtdäumlinge	✔	–
— Gemüse-Couscous-Mix	✔	–
— Gemüsefrikadellen	✔	–
— Gemüsemischung in Rahm-Rieslingsoße	✔	–
— Gemüsespieße (Grillfolder)	✔	–
— Gemüse-Stäbchen	✔	–
— Gemüse-Wildreis-Mischung	✔	–
— Gnocchi alla Sorrentina	✔	–
— Griechischer Bauernsalat mit PATROS	✔	–

[3] nur für Emulgator Mono- und Diglyceride [4] Schweinefleisch [5] in Spuren

Produkt	🥩	🍷
— Grießnockerln	✔	–
— Grillgemüseschale mit Patros (Grillfolder)	✔	–
— Grüner Stangenspargel	✔	–
— Halbe Maiskolben (Grillfolder)	✔	–
— Happy Mini-Donuts	✔	✔
— Hefeklöße	✔	–
— Heidelbeeren	✔	–
— Heidelbeer-Pfannkuchen	✔	–
— Himbeeren	✔	–
— Italienische Gemüsepfanne	✔	–
— Italienisches Gemüserisotto	✔	–
— Janosch Tigerenteneis	✔	–
— Joghurteiscreme Waldbeere	✔	–
— Julienne Gemüse-Mix	✔	–
— Junger Spinat, gehackt	✔	–
— Kaisergemüse	✔	–
— Kaiserschoten	✔	–
— Karottenwürfel	✔	–
— Kartoffelklöße	✔	–
— Kartoffelklöße-Sahne-Gratin	✔	–
— Kartoffel-Rosen	✔	–
— Käse-Grill-Burrito	✔	–
— Käse-Mohne-Kuchen	✔	–
— Käse-Pizzettis	✔	–
— Käsespätzle	✔	–
— Kids-Box	✔	–
— Kirsch-Vanille	✔	–
— Knoblauchmousse (Grillfolder)	✔	–
— Knusperschnitte (Grillfolder)	✔	–
— Kräuterprofi „Kräutermischung"	✔	–
— Kräuterprofi „Petersilie"	✔	–
— Kräuterprofi „Schnittlauch"	✔	–
— Kunterbunt	✔	–

🥩 Tierisch 🍷 Alkohol ¹ gilt nur für die Emulgatoren ² nur für Gelatine

Produkt	🥩	🍷
— Landhaus-Kirschschnitten	✔	–
— Langkorn-Reis Express	✔	–
— Latte Macchiato	✔	–
— Laugenstangen – zum Selberbacken	✔	–
— Leipziger Allerlei	✔	–
— Linguine Florentina	✔	–
— Macadamia Nuts	✔	–
— Mais extra süß	✔	–
— Mandel-Bienenstich	✔	–
— Marbesa	✔	–
— Marbesa Karamell	✔	–
— Mediterranes Kräuterbrot	✔	–
— Mexikanische Gemüsepfanne	✔	–
— Mikrowellen-Pommes	✔	–
— Milchdäumling	✔	–
— Milchreis Eiscreme	✔	–
— Mini-Brötchen-Mix (Grillfolder)	✔	–
— Mini-Buttermilchhörnchen	✔	–
— Mini-Kaffestücke – zum Selberbacken	✔	–
— Mini-Kartoffelklöße	✔	–
— Mini-Sahnewindbeutel	✔	–
— Mini-Smoothies	✔	–
— Mini-Waffelhörnchen	✔	–
— Möhren-Kartoffel bellinis	✔	–
— Orange de Luxe	✔	–
— Orange	✔	–
— Orginal schwäbische Eierspätzle	✔	–
— Original französische Buttercroissants zum Selberbacken	✔	–
— Original französische Landbrötchen	✔	–
— Original Südtiroler Apfelstrudelstücke	✔	–
— Oringal schwäbische Schupfnudeln	✔	–
— Paprikastreifen	✔	–

[3] nur für Emulgator Mono- und Diglyceride [4] Schweinefleisch [5] in Spuren

Produkt	🍖	🍷
— Penne „Rialto"	✔	–
— Penne Vier-Käse	✔	–
— Pfifferling-Reispfanne	✔	–
— Pizza Caprese	✔	–
— Pizza Margherita	✔	–
— Porree	✔	–
— Prinzessbohnen	✔	–
— Probiergröße Babymöhren	✔	–
— Probiergröße bo* Erbsen, extra zart	✔	–
— Probiergröße Broccoli-Röschen	✔	–
— Probiergröße Kaisergemüse	✔	–
— Pudding-Schneckchen – zum Selberbacken	✔	–
— Rahmspinat	✔	–
— Rahmwirsing	✔	–
— Ratatouille	✔	–
— Reibekuchen	✔	–
— Rhabarber-Pudding-Kuchen	✔	–
— Riesen-Röstis	✔	–
— Riesensandwich Fürst Pückler	✔	–
— Romanesco-Gemüse-Mix	✔	–
— Röschen Trio	✔	–
— Rosenkohl-Röschen	✔	–
— Rosenkohl-Röschen, extra fein	✔	–
— Rosmarin-Kartoffeln	✔	–
— Schoko-Kokos-Schnitten	✔	–
— Schokoladen-Donuts	✔	–
— Semmelknödel	✔	–
— Snack Mix	✔	–
— Softeis Classic	✔	–
— Softeis Schoko	✔	–
— Sommergemüsepfanne	✔	–
— Spinat-Kartoffelauflauf	✔	–
— Supergemüse, 10 Sorten	✔	–

🍖 Tierisch 🍷 Alkohol [1] gilt nur für die Emulgatoren [2] nur für Gelatine

Produkt	🍷	🍸
— Tomatensuppe „della Mamma"	✔	–
— Tortelli „Toscana"	✔	–
— Toskanisches Grillbrot (Grillfolder)	✔	–
— Vanille	✔	–
— Vanille-Cranberry-Plunder zum Selberbacken	✔	–
— Vanille-Erdbeer Cocktail	✔	–
— Vitamin 10	✔	–
— Vollkorn-Brötchen	✔	–
— Vollkorn-Brotkorb	✔	–
— Vollwert-Gemüse-Puffer	✔	–
— Von Meisterhand Bourbon Vanille	✔	–
— Von Meisterhand Cremige Erdbeere	✔	–
— Von Meisterhand Malaga	✔	–
— Von Meisterhand Milchkaffee	✔	–
— Von Meisterhand Nuss-Nougat	✔	–
— Von Meisterhand Sahne-Pfirsich	✔	–
— Von Meisterhand Schokosplitter	✔	✔
— Von Meisterhand Schwarzwälder-Kirsch	✔	–
— Von Meisterhand Stracciatella	✔	–
— Von Meisterhand Verpoorten	✔	–
— Von Meisterhand Walnuss	✔	–
— Von Meisterhand Zitrone	✔	–
— Waffelhörnchen Vanille-Erdbeere	✔	–
— Waffelhörnchen Vanille-Schoko	✔	–
— Waffelhörnchen Zitrone-Buttermilch	✔	–
— Waffelhörnchen-Box	✔	–
— Waldmeister-Vanille	✔	–
— Waldpilzpfanne	✔	–
— Weißer Stangenspargel	✔	–
— Wirsing-Karotten-Mix	✔	–
— Zucchini-Gemüsepfanne	✔	–
— Zwiebelwürfel	✔	–
Bonaqa	✔	✔

[3] nur für Emulgator Mono- und Diglyceride [4] Schweinefleisch [5] in Spuren

Produkt	🐷	🍷
Bounty	✔	✔
Brotland Weizenmischbrot (EDEKA)	✔	✔
Brunch (200 g)	✗	✔
— Minis (100 g)	✔	✔
Bussy Mix Wassereis	✔	✔[5]
Buttela Margarine (Aldi)	✔	✔
Campino Früchte	✔	–
— Früchte Lolly	✔	–
Capri-Sonne 0,33 l Orange Peach	✔	✔
— Beach Drink	✔	✔
— Cola Mix	✔	✔
— Jungle Drink	✔	–
— Orange	✔	–
— Safari Fruits	✔	–
Chio Chips Ready Salted	✔	–
— Chips Red Paprika	✔	–
— Chips Sunny Paprika	✔	–
— Chips Tortilla Chips Original	✔	✔
— Chips Tortillas Dip Hot Salsa	✔	✔
— Chips Tortillas Dip Mild Salsa	✔	✔
Chipita Finetti Sticks	✗	–
Chipsletten	✔	✔
Choco Dragees Haselnuss	✔	✔
Clarkys Käse Dip-Sauce	✔	✔
Classic Stieleis 6 x 120 ml Vanilleeiskrem mit Schokoladenüberzug	✔	✔
— Stieleis 6 x 120 ml Vanilleeiskrem mit Schokoladenüberzug und Mandelsplitter Vanille-Aroma	✔	✔
Coco Cabana	✔	✔
Colgate (Zahnpaste Produkte)	✔	✔
Coppenrath & Wiese (Allgemein; Kuchen usw.)	◆[1]	◆
— Alt-Böhmischer Apfel-Kuchen	✔[1]	✗

[5] nur bei Zitrone, Orange und Waldmeister sind Spuren von Alkohol

🐷 Tierisch 🍷 Alkohol [1] gilt nur für die Emulgatoren [2] nur für Gelatine

Produkt	🥩	🍷
— Baileys® Sahne-Schnitte	✔[1]	✘
— Baileys® Sahne-Torte	✔[1]	✘
— Baileys® Sahne-Windbeutel	✔[1]	✘
— Bunter Sahne Zauber Auslese Eierlikör-Amaretto-Törtchen	✔[1]	✘
— Bunter Sahne Zauber Auslese Nuss-Sahne-Torte	✔[1]	✘
— Bunter Sahne Zauber Auslese Schokoladen-Sahne-Torte	✔[1]	✘
— Bunter Sahne Zauber Auslese Schwarzwälder Kirsch Rolle	✔[1]	✘
— Bunter Sahne Zauber Auslese Schwarzwälder Kirsch-Torte	✔[1]	✘
— Café Vivendi Tiramisu-Torte	✔[1]	✘
— Cappuccino-Sahne-Schnitte	✔[1]	✘
— Diät Bunte Sahne Platte Eierlikör-Törtchen	✔[1]	✘
— Diät Bunte Sahne Platte Windbeutel	✔[1]	✘
— Diät Schwarzwälder Kirsch-Rolle	✔[1]	✘
— Diät Schwarzwälder Kirsch-Torte 17 cm	✔[1]	✘
— Eierlikör Sahne-Schnitte	✔[1]	✘
— Eierlikör-Meistertorte	✔[1]	✘
— Feinste Sahne Mozart-Torte	✔[1]	✘
— Nuss-Sahne-Festtagstorte	✔[1]	✘
— PROFI·LINE Apfeltorte mit Streuseln	✔[1]	✘
— PROFI·LINE Nuss-Sahne-Torte	✔[1]	✘
— Sahnerolle Schwarzwälder Kirsch-Rolle	✔[1]	✘
— Schokoladen-Sahne-Festtagstorte	✔[1]	✘
— Schwarzwälder Kirsch-Festtagstorte	✔[1]	✘
— Tortenträume Orange-Chardonnay	✔[1]	✘
— Tortenträume Schoko-Trüffel	✔[1]	✘
Country Chips	✔	✔
Croissant gefüllt mit Nuss Nougat und Milchcreme 240 g (Lidl)	✔	✔
Croissants 300 g (Lidl)	✔	✔

[3] nur für Emulgator Mono- und Diglyceride   [4] Schweinefleisch   [5] in Spuren

Produkt	🍖	🍷
Crunchips	✔	✔
— Stackers	✔	✔
Crusti Croc Salzstangen, 250 g (Lidl)	✔	✔
Curly	✔	✔
Danone Actimel Drink 0,1 % Pfirsich-Mango	✔	✔
— Actimel Drink 0,1%, Classic	✔	✔
— Actimel Drink Erdbeer- Banane	✔	✔
— Actimel Drink Erdbeere	✔	✔
— Actimel Drink Himbeere	✔	✔
— Actimel Drink Kirsche	✔	✔
— Actimel Drink Multifrucht	✔	✔
— Actimel Drink Orange	✔	✔
— Actimel Drink Vanille	✔	✔
— Actimel Drink Waldfrucht	✔	✔
— Actimel Powerfrucht Erdbeer-Cranberry	✔	–
— Actimel Powerfrucht Heidelbeere	✔	–
— Actimel Powerfrucht Himbeere	✔	–
— Actimel Powerfrucht Multifrucht	✔	–
— Actimel Powerfrucht Pfirsich-Maracuja	✔	–
— Activia Cerealien	✔	✔
— Activia Classic Erdbeere	✔	✔
— Activia Classic Großer Becher Bio Natur 3,5 %	✔	✔
— Activia Classic Heidelbeere	✔	✔
— Activia Classic Himbeere	✔	✔
— Activia Classic Kirsche	✔	✔
— Activia Classic Mango	✔	✔
— Activia Classic Natur	✔	✔
— Activia Classic Pfirsich-Maracuja	✔	✔
— Activia Classic Vanille	✔	✔
— Activia Creme Genuss Classic gesüßt	✔	✔
— Activia Creme Genuss Erdbeere	✔	✔
— Activia Creme Genuss Kirsche	✔	✔
— Activia Creme Genuss Pfirsich	✔	✔

🍖 Tierisch 🍷 Alkohol   ¹ gilt nur für die Emulgatoren ² nur für Gelatine

Produkt	🥩	🍷
— Activia Creme Genuss Vanille	✔	✔
— Activia Creme Genuss Zitrone	✔	✔
— Activia Diät 3,5% Diät Erdbeere	✔	✔
— Activia Diät 3,5% Diät Pfirsich-Maracuja	✔	✔
— Activia Dörfrüchte Getrocknete Aprikkose	✔	✔
— Activia Dörfrüchte Pflaume	✔	✔
— Activia Drink Classic	✔	✔
— Activia Drink Erdbeere-Kiwi	✔	✔
— Activia Drink Mango-Papaya	✔	✔
— Activia Drink Pfirsich-Cerealien	✔	✔
— Activia Drink Vanille	✔	✔
— Activia Drink Waldfrucht	✔	✔
— Activia Erdbeere	✔	✔
— Activia Großer Becher Bio Natur	✔	✔
— Activia mit Ballaststoffen Apfel-Cerealien	✔	✔
— Activia mit Ballaststoffen Cerealien	✔	✔
— Activia mit Ballaststoffen Kiwi-Cerealien	✔	✔
— Activia mit Ballaststoffen Mango-Cerealien	✔	✔
— Activia mit Ballaststoffen Müsli	✔	✔
— Activia mit Ballaststoffen Waldfrucht-Cerealien	✔	✔
— Activia mit feinem Fruchtpüree Erdbeere	✔	–
— Activia mit feinem Fruchtpüree Himbeere	✔	–
— Activia mit feinem Fruchtpüree Kirsche	✔	–
— Activia mit feinem Fruchtpüree Pfirsich-Maracuja	✔	–
— Activia mit feinem Fruchtpüree Waldfrucht	✔	–
— Activia Natur	✔	✔
— Activia Pfirsich-Maracuja	✔	✔
— Activia Pur Erdbeere	✔	–
— Activia Pur Himbeere	✔	–
— Activia Pur Mango	✔	–
— Activia Pur Pfirsich-Maracuja	✔	–
— Danacol Classic	✔	–
— Danacol Erdbeere	✔	–

[3] nur für Emulgator Mono- und Diglyceride [4] Schweinefleisch [5] in Spuren

Produkt	🥩	🍷
— Danacol Multifrucht	✔	–
— Family 0% Fett Ananas	✔	✔
— Family 0% Fett Erdbeere	✔	✔
— Family 0% Fett Kirsche	✔	✔
— Family 0% Fett Pfirsich	✔	✔
— Family Standard Erdbeere	✔	✔
— Family Standard Himbeere	✔	✔
— Family Standard Kirsche	✔	✔
— Family Standard Natur	✔	✔
— Family Standard Pfirsich-Maracuja	✔	✔
— Family Standard Stracciatella	✔	✔
— Family Standard Vanille	✔	✔
— Family Standard Waldfrucht	✔	✔
— Dany Sahne (alle Sorten)	✘	–
— Dany Sahne Bourbon Vanille	✘	✔
— Dany Sahne Creme Duet Schoko Duo	✘	✔
— Dany Sahne Creme Duet Schoko Marzipan	✘	✔
— Dany Sahne Creme Duet Schoko Vanille	✘	✔
— Dany Sahne Dunkle Schokolade	✘	✔
— Dany Sahne Dunkle Schokolade Venezuela	✘	✔
— Dany Sahne Kaffee Kolumbien	✘	✔
— Dany Sahne Marzipangeschmack	✘	✔
— Dany Sahne mit Pistazie-Geschmack	✘	✔
— Dany Sahne Mousse Schoko	✘	✔
— Dany Sahne Schoko	✘	✔
— Dany Sahne Vanille Tahiti	✘	✔
— Dany Sahne Weihnachtsschokolade	✘	✔
— Dany Sahne Weiße Schokolade Elfenbeinküste und Ghana	✘	✔
— Fantasia Bananenjoghurt mit Banane Schoko Kringel	✔	✔
— Fantasia Bananenjoghurt mit Schokosternen	✔	✔
— Fantasia Erdbeere	✔	✔

🥩 Tierisch 🍷 Alkohol   ¹ gilt nur für die Emulgatoren ² nur für Gelatine

Produkt	🥩	🍷
— Fantasia Heidelbeere	✔	✔
— Fantasia Joghurt mit Vanillegeschmack und Schokoballs	✔	✔
— Fantasia Joghurt mit Vanillegeschmack und Schokosternen	✔	✔
— Fantasia Kirsche	✔	✔
— Fantasia Knuspermix Müsli	✔	✔
— Fantasia Nussige Schokoballs	✔	✔
— Fantasia Pfirsich-Maracuja	✔	✔
— Fantasia Schoko Balls	✔	✔
— Fantasia Schoko Knusper	✔	✔
— Fantasia Schoko Müsli	✔	✔
— Fantasia Schokostreusel	✔	✔
— FruchtZwerge Aprikose	✔	✔
— FruchtZwerge Banane	✔	✔
— FruchtZwerge Birne	✔	✔
— FruchtZwerge Duo (Erdbeere, Banane)	✔	✔
— FruchtZwerge Duo (Heidelbeere, Pfirsich)	✔	✔
— FruchtZwerge Duo (Kirsche, Banane)	✔	✔
— FruchtZwerge Duo Weniger Süß (Erdbeere/Banane)	✔	✔
— FruchtZwerge Erdbeer	✔	✔
— FruchtZwerge Himbeer	✔	✔
— FruchtZwerge Kirsche	✔	✔
— FruchtZwerge Vanilla	✔	✔
— FruchtZwerge Vanilla-Erdbeer	✔	✔
— FruchtZwerge weniger süß (Erdbeere, Aprikose, Banane)	✔	✔
— Gervais Gervais Hüttenkäse	✔	✔
— Gervais Gervais Kräuterquark	✔	✔
— Gervais Gervais Kräuterquark „pikant"	✔	✔
— Joghurt für Kinder Erdbeere-Banane	✔	✔
— Joghurt für Kinder Kirsch-Vanille	✔	✔
— Obstgarten (alle Sorten)	✘	–

[3] nur für Emulgator Mono- und Diglyceride [4] Schweinefleisch [5] in Spuren

Produkt	🐷	🍷
— Obstgarten Standard Ananas	✗	✔
— Obstgarten Standard Erdbeer	✗	✔
— Obstgarten Standard Himbeere	✗	✔
— Obstgarten Standard Kirsche	✗	✔
— Obstgarten Standard Pfirsich-Maracuja	✗	✔
— Obstgarten Standard Waldfrucht	✗	✔
— Obstgarten Vanilla Erdbeere	✗	✔
— Obstgarten Vanilla Himbeere	✗	✔
— Obstgarten Vanilla Kirsche	✗	✔
— Obstgarten Vanilla Pfirsich-Maracuja	✗	✔
— Quark-Joghurt-Creme (alle Sorten)	✗	–
— Quark-Joghurt-Creme Erdbeere	✗	✔
— Quark-Joghurt-Creme Pfirsich	✗	✔
— Quark-Joghurt-Creme Stracciatella	✗	✔
— Quark-Joghurt-Creme Vanilla	✗	✔
DeBeukelaer Bio Farmer Cookies Haferflakes	✔	✔
— Butterkeks (Der Klassiker und Vollkorn)	✔	✔
— Erfrischungsstäbchen	✔	✔
— Gebäckstangen (Käse und Meersalz)	✔	✔
— Granola Der Kernige	✔	✔
— Knuspighurt	✔	✔
— Rondino	✔	✔
— Schoko & Milch	✔	✔
Deli Reform Margarine	✔	✔
Delikata Margarine (Aldi)	✔	✔
— Ketchup	✔	✔
— Mayonnaise	✔	✔
Dietz Orangensaft	✔	–
— Bananen-Nektar	✔	–
— Mango-Nektar	✔	–
Dontodent Zahnpasta	✔	✔
Doppelherz Lachsöl Omega-3	✗	✔
Dr. Oetker Aranca Aprikose-Maracuja	–	✔

🐷 Tierisch 🍷 Alkohol   [1] gilt nur für die Emulgatoren [2] nur für Gelatine

Produkt	🍖	🍷
— Aranca Mandarinen-Geschmack	–	✔
— Aranca Zitronen-Geschmack	–	✔
— Ausstechplätzchen	–	✔
— Backfeste Pudding Creme	–	✔
— Big Americans BBQ Chicken	✘	–
— Big Americans California	–	✔
— Big Americans Cheese and Onion	✘	–
— Bio Bourbon Vanille-Zucker	–	✔
— Bio Pudding Bourbon Vanille	–	✔
— Bio Pudding Schokolade	–	✔
— Bio Schokino Kuchen	–	✔
— Bio Zitronen Kuchen	–	✔
— Bistro Baguette Bolognaise	✘	✔
— Bistro Baguette Thon	–	✔
— Bistro Baguette Tomate-Fromage	–	✔
— Bistro Gourmet Baguette Bretagne	–	✔
— Bittermandel Aroma	–	✔
— Bourbon Vanilleschote	–	✔
— Bourbon Vanille-Zucker	–	✔
— Bourbon-Vanille-Soße (250 ml)	–	✔
— Bourbon-Vanille-Soße 0,1% Fett (250 ml)	–	✔
— Brownies	–	✔
— Butterspritzgebäck	–	✔
— Capt'n Sharky Cremepudding Schokolade	–	✔
— Capt'n Sharky Muffins Vanille-Geschmack	–	✔
— Capt'n Sharky Quark-Creme Vanille-Geschmack	–	✔
— Capt'n Sharky Schoko-Kuchen	–	✔
— Crème double (125 g)	–	✔
— Crème fraîche Classic (150 g / 250 g)	–	✔
— Crème fraîche mit frischem Knoblauch	✘	–
— Crème fraîche mit frischen Kräutern	✘	–
— Crème légère (150 g)	–	✔
— Crème légère cremig-flüssig (200 ml)	–	✔

³ nur für Emulgator Mono- und Diglyceride ⁴ Schweinefleisch ⁵ in Spuren

Produkt	🥩	🍷
— Crème légère Pesto	✗	–
— Crème Stracciatella	–	✔
— Crème Tiramisu	–	✔
— Culinaria Turkish Lahmacun Style	✗	✔
— Dessert-Soße ohne Kochen Schokolade	–	✔
— Dessert-Soße ohne Kochen Vanille-Geschmack	–	✔
— Dessert-Soße zum Kochen Vanille-Geschmack	–	✔
— Dessert Soße aus Raspeln – Bourbon Vanille	–	✔
— Diät Gelier Fruchtzucker	–	✔
— Diät-Pudding Schoko (150 g)	✗	✔
— Diät-Pudding Vanille-Geschmack (150 g)	✗	✔
— Diät-Wölkchen Schokolade (125 g)	✗	✔
— Diät-Wölkchen Vanille-Geschmack (125 g)	✗	✔
— Die Ofenfrische 3-Käse-Peperoni	–	✔
— Die Ofenfrische Bolognese	✗	✔
— Die Ofenfrische Mozzarella-Pesto	–	✔
— Die Ofenfrische Thunfisch	–	✔
— Die Ofenfrische Vier-Käse	–	✔
— Dip légère Aioli	–	✔
— Dip légère Paprika-Chili	–	✔
— Donauwellen	–	✔
— Einmachhilfe	–	✔
— Erdbeer Creme	–	✔
— Erdbeer Quark Kuchen	–	✔
— Erdbeer-Sahne Tortencreme	–	✔
— Extra Gelierzucker 2:1	–	✔
— Finesse Geriebene Zitronenschale	✗	✔
— Finesse Natürliches Orangenschalen – Aroma	–	✔
— Flammkuchen	–	✔
— Frische Hefe (42 g)	–	✔
— Frischkäse Torte	–	✔
— Fruttina Zitronen-Geschmack	–	✔
— Gala Bourbon-Vanille	–	✔

🥩 Tierisch 🍷 Alkohol ¹ gilt nur für die Emulgatoren ² nur für Gelatine

Produkt	🥩	🍷
— Gala Feiner Schokoladen-Pudding	–	✔
— Gala Karamell	–	✔
— Gala Mandella Schoko-Mandel	–	✔
— Gala Mandella Vanille-Mandel	–	✔
— Gala Sahne-Pudding	–	✔
— Galetta Schokolade	–	✔
— Galetta Vanille – Geschmack	–	✔
— Garant Grieß Pudding	–	✔
— Garant Schokolade	–	✔
— Garant Vanille-Geschmack	–	✔
— Gelatine Fix	✗	✗
— Gelfix Classic 1:1	–	✔
— Gelfix Extra 2:1	–	✔
— Gelfix Super 3:1	–	✔
— Gelierzucker für Erdbeer-Konfitüre	–	✔
— Götterspeise Himbeer	✗	–
— Götterspeise Instant Kirsch-Geschmack	–	✔
— Götterspeise Instant Waldmeister-Geschmack	–	✔
— Götterspeise mit Bourbon-Vanillesoße Himbeer	✗	–
— Götterspeise mit Bourbon-Vanillesoße Waldmeister	✗	–
— Götterspeise Waldmeister	✗	–
— Gugelhupf	–	✔
— Gustin Speisestärke	–	✔
— Hefeteig	–	✔
— Hefeteig Garant	–	✔
— Himbeer Creme	–	✔
— Himbeer Frischkäse Kuchen	–	✔
— Kaltschale Ananas-Maracuja-Geschmack	–	✔
— Kaltschale Erdbeere	–	✔
— Kaltschale Himbeer-Johannisbeer	–	✔
— Käsekuchen	–	✔
— Käsekuchenhilfe	–	✔

³ nur für Emulgator Mono- und Diglyceride ⁴ Schweinefleisch ⁵ in Spuren

Produkt	🍖	🍷
— Käse-Sahne Tortencreme	–	✔
— Käse-Sahne-Torte	–	✔
— Kirsch Creme	–	✔
— Kirsch Grütze (160 g / 500 g)	–	✔
— Kirsch Grütze mit Vanille-Creme (160 g)	–	✔
— Kirschli Kuchen	–	✔
— Kleine Kuchen Apfel Mandel Kuchen	–	✔
— Kleine Kuchen Käse Streusel Kuchen	–	✔
— Kleine Kuchen Schoko Kirsch Kuchen	–	✔
— Kokos Kuchen	–	✔
— Kokos Makronen	–	✔
— Light-Pudding Schoko (150 g)	–	✔
— Light-Pudding Vanille-Geschmack (150 g)	–	✔
— Lillifee Cremepudding Vanille-Geschmack	–	✔
— Lillifee Erdbeer-Quark-Creme	–	✔
— Lillifee Erdbeer-Sahne-Torte	–	✔
— Lillifee Glitzerherz	–	✔
— Lillifee Muffins Vanille-Geschmack	–	✔
— Mandarinen Joghurt Kuchen	–	✔
— Marmor Kuchen	–	✔
— Marmor Wolke	–	✔
— Maulwurfkuchen	–	✔
— Mohnwickel	–	✔
— Mousse a la Vanille	✗	✔
— Mousse au chocolat	–	✔
— Mousse au chocolat fein herb	–	✔
— Mousse au chocolat Tortencreme	–	✔
— Mousse Chocolat (100 g)	–	✔
— Mousse Rotwein	✗	–
— Mousse Weißwein	✗	–
— Mousse Zitrone	–	✔
— Muffins	–	✔
— Nuss Kuchen	–	✔

🍖 Tierisch 🍷 Alkohol ¹ gilt nur für die Emulgatoren ² nur für Gelatine

Produkt	🐖	🍷
— Obstkuchenteig	–	✔
— Original Pudding Erdbeer-Geschmack	–	✔
— Original Pudding Grieß	–	✔
— Original Pudding Mandel-Geschmack	–	✔
— Original Pudding Sahne-Geschmack	–	✔
— Original Pudding Schokolade	–	✔
— Original Pudding Vanille-Geschmack	–	✔
— Panna cotta	–	✔
— Paradiescreme des Jahres, Feinherbe Schokolade	–	✔
— Paradiescreme Nougat mit Nougatsplits	–	✔
— Paradiescreme Pfirsich-Geschmack	–	✔
— Paradiescreme Sahne-Karamell-Geschmack	–	✔
— Paradiescreme Schokolade	–	✔
— Paradiescreme Stracciatella	–	✔
— Paradiescreme Vanille-Geschmack	–	✔
— Paradiescreme Zitronen-Geschmack	–	✔
— Paula Joghurtdessert mit Erdbeer-Flecken (4 x 100 g)	✗	✔
— Paula Joghurtdessert mit Pfirsich-Flecken (4 x 100 g)	–	✔
— Paula Milchcreme mit Schoko-Haselnuss-Flecken (4 x 125 g)	–	✔
— Paula Schokoladen-Pudding mit Vanille-Flecken (4 x 125 g)	–	✔
— Paula Vanille-Pudding mit Schoko-Flecken (4 x 125 g)	–	✔
— Pfirsich Joghurt Kuchen	–	✔
— Pizzateig italienischer Art	–	✔
— Pudding aus Raspeln – Bourbon Vanille	–	✔
— Pudding aus Raspeln – feinherb	–	✔
— Pudding aus Raspeln – Vollmilch Schokolade	–	✔
— Pur Choc Schokoladenpudding Ecuador mildfein (2 x 100 g)	–	✔

[3] nur für Emulgator Mono- und Diglyceride [4] Schweinefleisch [5] in Spuren

Produkt	🥩	🍷
— Pur Choc Schokoladenpudding Ghana feinherb (2 x 100 g)	–	✔
— Pur Choc Schokoladenpudding Tansania edelbitter (2 x 100 g)	–	✔
— Quarkfein Erdbeer-Geschmack	–	✔
— Quarkfein Vanille-Geschmack	–	✔
— Quarkfein Zitrone	–	✔
— Raffinesse double chocolate	–	✔
— Raffinesse Marzipan	–	✔
— Raffinesse Mohn	–	✔
— Raffinesse Schoko Kuchen feinherb	–	✔
— Ristorante Pizza Biologica Mozzarella	–	✔
— Ristorante Pizza Formaggi & Pomodori	–	✔
— Ristorante Pizza Funghi	–	✔
— Ristorante Pizza Mozzarella	–	✔
— Ristorante Pizza Mozzarella 50% Fett	–	✔
— Ristorante Pizza Piccola Mozzarella	–	✔
— Ristorante Pizza Piccolissima Mozzarella	–	✔
— Ristorante Pizza Quattro Formaggi	–	✔
— Ristorante Pizza Spinaci	–	✔
— Ristorante Pizza Tonno	–	✔
— Ristorante Pizza Vegetale	–	✔
— Ristorante Pizza Vegetale Piccante	–	✔
— Rote Grütze (500 g)	–	✔
— Rote Grütze für Diabetiker mit Bourbon-Vanille-Soße (160 g)	–	✔
— Rote Grütze Himbeer-Geschmack	–	✔
— Rote Grütze Himbeer-Geschmack, mit Sago	–	✔
— Rote Grütze mit Bourbon-Vanille-Soße (160 g)	–	✔
— Rübli Kuchen	–	✔
— Rum-Aroma	–	✔
— Rum-Aroma (30 ml)	–	✔
— Russischer Zupfkuchen	–	✔

🥩 Tierisch 🍷 Alkohol   ¹ gilt nur für die Emulgatoren ² nur für Gelatine

Produkt	🍖	🍷
— Sahne Pudding Bourbon Vanille (150 g / 500 g)	–	✔
— Sahne Pudding Grieß (500 g)	–	✔
— Sahne Pudding Vollmilch Schokolade (150 g / 500 g)	–	✔
— Sahnesteif	–	✔
— Schatztruhe Eisprodukte	✔[1]	–
— Schokino Kuchen	–	✔
— Schoko Wolke	–	✔
— Schoko Gewürzkranz	–	✔
— Schoko Kuchen	–	✔
— Schoko Mandel Kuchen mit Kirschen	–	✔
— Schoko Muffins	–	✔
— Schoko-Sahne Tortencreme	–	✔
— Spiegelei Kuchen	–	✔
— Streuselteig	–	✔
— Super Gelierzucker 3:1	–	✔
— Süße Mahlzeit Apfel-Püfferchen	–	✔
— Süße Mahlzeit Bio Grießbrei	–	✔
— Süße Mahlzeit Bio Milchreis	–	✔
— Süße Mahlzeit Grießbrei nach klassischer Art	–	✔
— Süße Mahlzeit Grießbrei Vanille-Geschmack	–	✔
— Süße Mahlzeit Hafergenuss mit Bourbon-Vanille	–	✔
— Süße Mahlzeit Kaiserschmarrn nach klassischer Art	–	✔
— Süße Mahlzeit Milchnudeln Vanille-Geschmack	–	✔
— Süße Mahlzeit Milchreis Apfel-Zimt	–	✔
— Süße Mahlzeit Milchreis nach klassischer Art	–	✔
— Süße Mahlzeit Milchreis Vanille Geschmack	–	✔
— Süße Mahlzeit Pfannkuchen	–	✔
— Süße Mahlzeit Schokino Püfferchen	–	✔
— Süßer Moment Grießbrei Vanille-Geschmack	–	✔
— Süßer Moment Milchshake Banane	–	✔
— Süßer Moment Milchshake Erdbeere	–	✔

[3] nur für Emulgator Mono- und Diglyceride [4] Schweinefleisch [5] in Spuren

Produkt	🍖	🍷
— Süßer Moment Milchshake Vanille-Geschmack	–	✔
— Süßer Moment Schokolade	–	✔
— Süßer Moment Vanille-Geschmack	–	✔
— Tarte au Chocolat	–	✔
— Tarte au Citron	–	✔
— Torta Tiramisu	–	✔
— Tortenguss Erdbeer	–	✔
— Tortenguss gezuckert klar	–	✔
— Tortenguss gezuckert rot	–	✔
— Tortenguss klar	–	✔
— Tortenguss rot	–	✔
— Tortina Nuss Sand Kuchen	–	✔
— Trockenbackhefe	–	✔
— Vanilla Tortencreme	–	✔
— Vanille Kipferl	–	✔
— Vanillin-Zucker	–	✔
— Vitalis Aprikosen Müsli (600 g)	–	✔
— Vitalis Bio Früchte Müsli (425 g)	–	✔
— Vitalis Bio Schoko Müsli (425 g)	–	✔
— Vitalis Crunchies Schoko (425 g)	–	✔
— Vitalis Früchte Müsli (375 g / 600 g / 1500 g)	–	✔
— Vitalis Joghurt Müsli (600 g / 1500 g)	–	✔
— Vitalis Knusper Banane (600 g)	–	✔
— Vitalis Knusper Flakes (600 g)	–	✔
— Vitalis Knusper Honeys (375 g / 600 g)	–	✔
— Vitalis Knusper Müsli (375 g / 600 g / 1500 g)	–	✔
— Vitalis Knusper Plus Double Chocolate (450 g)	–	✔
— Vitalis Knusper Plus Honig-Mandel (450 g)	–	✔
— Vitalis Knusper Plus Multi-Frucht (450 g)	–	✔
— Vitalis Knusper Schoko (375 g / 600 g / 1500 g)	–	✔
— Vitalis Knusper Schoko feinherb (600 g)	–	✔
— Vitalis Knusperkissen Schoko (425 g)	–	✔
— Vitalis Schoko Müsli (375 g / 600 g / 1500 g)	–	✔

🍖 Tierisch 🍷 Alkohol [1] gilt nur für die Emulgatoren [2] nur für Gelatine

Produkt	🥩	🍷
— Vitalis Schoko Müsli feinherb (600 g)	–	✔
— Vitalis Schoko Müsli Kirsch (600 g)	–	✔
— Vitalis Schoko Müsli Kokos (600 g)	–	✔
— Vitalis weniger süß Knusper Apfel (600 g)	–	✔
— Vitalis weniger süß Knusper Erdbeer (600 g)	–	✔
— Vitalis weniger süß Knusper Früchte (500 g)	–	✔
— Vitalis weniger süß Knusper Pur (600 g)	–	✔
— Vitalis weniger süß Schoko Müsli (500 g)	–	✔
— Weinstein Backpulver	–	✔
— Wintergrütze Pflaume-Zimt (500 g)	–	✔
— Wintergrütze Pflaume-Zimt mit Bourbon-Vanille-Soße (160 g)	–	✔
— Wölkchen Kirsche-Amarena-Geschmack	✗	–
— Wölkchen Klassische Schokolade (125 g)	✗	✔
— Wölkchen Schokolade-Haselnuss (125 g)	✗	✔
— Wölkchen Typ Cappuccino (125 g)	✗	✔
— Wölkchen Typ Sahne-Karamell (125 g)	✗	✔
— Wölkchen Vanille-Geschmack (125 g)	✗	✔
— Zaziki (200 g)	–	✔
— Zitronen-Aroma	–	✔
— Zitronen-Wolke	–	✔
— Zitronen Muffins	–	✔
— Zitronenkuchen	–	✔
— Zitronensäure	–	✔
— Zwiebelkuchen	–	✔
Dr. Siemer Orangensaft aus Orangensaftkonzentrat	✔	–
— Orangennektar aus Orangensaftkonzentrat	✔	–
— Grapefruitsaft aus Grapefruitsaftkonzentrat	✔	–
Du Darfst Die Leichte Brotaufstrich (250 g)	✗	–
— Finesse Frischkäse mit Buttermilch (8% Fett)	✔	–
— Finesse Frischkäse mit italienischen Gemüse (8% Fett)	✔	–
— Finesse Frischkäse mit Kräutern (8% Fett)	✔	–

³ nur für Emulgator Mono- und Diglyceride ⁴ Schweinefleisch ⁵ in Spuren

Produkt	Tierisch	Alkohol
— Fruchtaufstriche Aprikose	✔	–
— Fruchtaufstriche Erdbeere	✔	–
— Fruchtaufstriche Himbeere	✔	–
— Fruchtaufstriche Kirsche	✔	–
— Fruchtaufstriche Kirsche-Banane	✔	–
— Fruchtaufstriche Tropische Früchte	✔	–
— Fruchtaufstriche Waldfrucht	✔	–
— Käse Aufschnitt (17 % Fett)	✔	–
— Käse Camembert (12 % Fett)	✔	–
— Käse Edamer (17 % Fett)	✔	–
— Käse Gemüse-Gouda (16 % Fett)	✔	–
— Käse Gouda (17 % Fett)	✔	–
— Käse Grüner Pfeffer-Weichkäse (12 % Fett)	✔	–
— Käse Kräuter Schmelzkäse	✔	–
— Käse Maasdamer (17 % Fett)	✔	–
— Käse Mittelalter Gouda	✔	–
— Käse Schmelzli Schmelzkäse	✔	–
— Käse Tilsiter (17 % Fett)	✔	–
— Käse Toasties Allgäuer Scheiben	✔	–
— Käse Toasties Holländer Scheiben	✔	–
— Käse Toasties Toast Scheiben	✔	–
— Käse Tomate-Paprika Schmelzkäse	✔	–
— Käse Toskana-Käse Saisongenuss (17 % Fett)	✔	–
— Käseraspel (17 % Fett)	✔	–
— Kochen mit Finesse (250 ml-Flasche)	✔	–
— Leichte Butter (250 g)	✘	–
— Saucenidee Kräuter-Knoblauch	✔	–
— Saucenidee Tomate-Kräuter	✔	–
— Saucenidee Waldpilz	✔	–
— Verfeinern mit Finesse (200 ml Becher)	✔	–
Dunkin Donuts	✔	✔
Durchbeißer	✔	–
— Schoko	✔	–

Tierisch · Alkohol · [1] gilt nur für die Emulgatoren · [2] nur für Gelatine

Produkt	🥩	🍷
Durigon Gelato GmbH (verschiedene Eissorten)	✔	–
Eckes Weißer Traubensaft	✔	–
— Roter Traubensaft	✔	–
Ecorino 16 Eis am Stiel mit Milchfett 16 × 60 ml	✔	✔
Edeka Backstube Blätterteig	✔	✔
— Backstube Kuchenprodukte	✔	–
— Eigenmarken Säfte und Eistee (Trübe Säfte ✔)	◆	–
— Pfefferminztaler 250 g	✔[1]	–
Eis Küsschen mit Vanilla u. Erdbeerefruchteiskrem auf Waffel mit Erdbeersoße (Lidl)	✔	✔
— Mit Vanilla und Haselnusseiskrem auf Waffel mit Karamellsoße (Lidl)	✔	✔
— Mit Vanille und Schokoladen Eiskrem auf Waffel mit Amarenakirschsoße (Lidl)	✔	✔
Eisbär (Gelatelli bei Lidl)	✔[6]	✔
Eisstern Eiskrem Vanille 2500 ml	✔	✔
— Eiskrem Walnuss 2000 ml	✔	✔
— Waffeltüten Twin Set 10 × 120 ml	✔	✔
Eridanous Käsetaschen	✔	–
Euka Menthol	✔	✔
Fabulo-Blätterteig	✔	✔
Fanta	✔	✔
— Mandarine	✔	✔
— Orange	✔	✔
— Orange light	✔	✔
Favorini Cappuccino Schnitten	✔	✔
— Haselnuss Mignon Schnitten	✔	✔
— Haselnuss Röllchen	✔	✔
— Haselnuss Törtchen	✔	✔
— Milch Haselnuss Schnitte	✔	✔
— Neapolitaner Schnitten	✔	✔
— Schoko-Karamell Törtchen 400 g	✔	✔

[6] Ausnahme Fruchteis (Orange/Zitrone) und Mousse au Chocolate-Becher
[3] nur für Emulgator Mono- und Diglyceride [4] Schweinefleisch [5] in Spuren

Produkt	🥩	🍷
— Zitronen Schnitten	✗[5]	✔
Ferrero Duplo	✔	✔
— Garden Haselnuss	✔	✔
— Garden Pistazie	✔	✔
— Giotto	✔	✔
— Hanuta	✔	✗
— Kinder bueno	✔	✔
— Kinder Chocofresh	✔	✔
— Kinder country	✔	✔
— Kinder friends	✔	✔
— Kinder Happy Hippo Cacao	✔	✔
— Kinder Maxi King	✔	✔
— Kinder pingui	✔	✔
— Kinder Riegel	✔	✔
— Kinder Schoko-Bons	✔	✔
— Kinder Schokolade	✔	✔
— Kinder Softy	✔	✔
— Kinder Überraschung	✔	✔
— Küsschen	✔	✔
— Milch-Schnitte	✔	✔
— Nutella	✔	✔
— Nutella GO	✔	✔
— Pocket Coffee	✔	✔
— Raffaello	✔	✔
— Rocher	✔	✔
— Rondnoir	✔	✔
— Tic Tac	✔	✔
— Tic Tac Icegloo	✔	✔
— Tic Tac Melone	✔	✔
— Yogurette	✔	✔
Flirt Limette	–	✔
— Zitrone	–	✗
Flora soft Reform-Margarine (80% Fett)	✔	–

🥩 Tierisch 🍷 Alkohol [1] gilt nur für die Emulgatoren [2] nur für Gelatine

Produkt	🥩	🍷
Florena Duschpflege Cremedusche mit Bio-Olivenöl	✔	✔
— Duschpflege Cremedusche mit Sheabutter & Bio-Arganöl	✔	✔
— Duschpflege Duschgel mit Bio-Aloe Vera	✔	✔
— Duschpflege Duschgel mit Bio-Sanddorn & Zitronenstrauch	✔	✔
— Gesichtspflege - für sehr trockene Haut Nachtcreme mit Sheabutter & Bio-Arganöl	✔	✔
— Gesichtspflege - für sehr trockene Haut Tagescreme mit Sheabutter & Bio-Arganöl	✔	✔
— Gesichtspflege - Anti-Age gegen frühzeitige Hautalterung Anti-Falten Augencreme mit Q10	✔	✔
— Gesichtspflege - Anti-Age gegen frühzeitige Hautalterung Anti-Falten Tagescreme mit Q10	✔	✔
— Gesichtspflege - für normale bis trockene Haut Nachtcreme mit Bio-Aloe Vera	✔	✔
— Gesichtspflege - für normale bis trockene Haut Tagescreme mit Bio-Aloe Vera	✔	✔
— Gesichtspflege - für reife Haut Straffende Augenpflege mit Bio-Klettenfruchtessenz	✔	✔
— Gesichtspflege - für trockene Haut Tagescreme mit Bio-Olivenöl	✔	✔
— Gesichtspflege - für trockene Haut Waschcreme mit Bio-Olivenöl	✔	✔
— Handpflege Anti-Age Handcreme Q10	✔	✔
— Handpflege Hand-Konzentrat mit Sheabutter & Bio-Arganöl	✔	✔
— Handpflege Handcreme mit Bio-Aloe Vera	✔	✔
— Handpflege Handcreme mit Bio-Kamille	✔	✔
— Handpflege Handcreme mit Bio-Olivenöl	✔	✔
— Handpflege Handcreme mit Bio-Olivenöl 125 ml	✔	✔
— Hautcreme Softcreme mit Bio-Aloe Vera & Vitamin E	✔	✔

[3] nur für Emulgator Mono- und Diglyceride [4] Schweinefleisch [5] in Spuren

Produkt	🥩	🍷
— Körperpflege Glättende Körper-Lotion mit Sheabutter & Bio-Arganöl	✔	✔
— Körperpflege Körperbutter mit Sheabutter & Bio-Arganöl	✔	✔
— Seifen Cremeseife mit Bio-Olivenöl	✔	✔
— Seifen Nachfüllbeutel Cremeseife mit Bio-Olivenöl	✔	✔
— Seifen Nachfüllbeutel Pflegeseife mit Bio-Aloe Vera	✔	✔
— Seifen Pflegeseife mit Bio-Aloe Vera	✔	✔
— Men – für empfindliche Haut Sensitive After Shave Balsam	✔	✔
— Men – für empfindliche Haut Sensitive Gesichtscreme	✔	✔
— Men – für empfindliche Haut Sensitive Rasiergel	✔	✔
— Men – für empfindliche Haut Sensitive Rasierschaum	✔	✔
— Men – für normale Haut Comfort Gesichtspflege Feuchtigkeitsemulsion	✔	✔
— Men – für normale Haut Comfort Intensivcreme	✔	✔
— Men – für normale Haut Comfort Rasiercreme	✔	✔
— Men – für normale Haut Comfort Rasiergel	✔	✔
— Men – für normale Haut Comfort Rasierschaum	✔	✔
Freihofer Gourmet Gebäckmischung	✔[1]	–
Frucht Tiger Apfel-Erdbeere	✔	–
— Multifrucht	✔	–
— Orange Maracuja	✔	–
— Rote-Früchte	✔	–
— Sport Apfel Citrus	✔	–
Fruitopia	✔	✔
Funny frisch Asia Chips Thai Chili Style	✘	–
— Chipsfrisch Cheese	✘	–
— Chipsfrisch Currywurst	✘	–
— Chipsfrisch El Gaucho	✘	–
— Chipsfrisch Oriental	✘	–

🥩 Tierisch 🍷 Alkohol ¹ gilt nur für die Emulgatoren ² nur für Gelatine

Produkt	🥩	🍷
— Chipsfrisch Schwerelos ungarisch	✗	–
— Chipsfrisch ungarisch	✗	–
— Erdnuss Piccos	✗	–
— Erdnuss-Flippies Wasabi	✗	–
— Frit Sticks ungarisch	✗	–
— Jumpys	✗	–
— Ofenchips Paprika	✗	–
Fußballeis (Lidl)	✔	✔
Gefüllte Mini Croissants (Lidl)	✔	✔
Gelatelli Stieleis, Schoko Crisp	✗	✔
Gelato Monte Grande mit Aprikosen (Lidl)	✔	✔
— Monte Grande mit Erdbeersoße (Lidl)	✔	✔
— Monte Grande mit karamellisierten Walnüssen (Lidl)	✔	–
— Monte Grande Sorbet und Himbeersoße (Lidl)	✔	✔
Georgia (The Spirit of Georgia)	✔	✔
Goldähren Schokobrötchen 275 g	✔	✔
Golden Toast und Lieken Urkorn (Generell/Allg.)	✔	✔
— Sonntagsbrötchen	✔	✔
Goldfit Apfelschorle	◆	✔
— Rote Schorle	◆	✔
— Traubenschorle	◆	✔
Grafschafter Baguette-Brötchen	✔	–
Granini Ananas	✔	✔
— Apfel	✗	✔
— Apfel-Cranberry	✗	✔
— Apfel-Kirsch	✗	✔
— Apfelsaft klar	✗	✔
— Aprikose	✔	✔
— Banane	✔	✔
— Birne	✔	✔
— Blueberry	✔	✔
— Cocktail Basic Lemon Squash	✔	✔

³ nur für Emulgator Mono- und Diglyceride ⁴ Schweinefleisch ⁵ in Spuren

Produkt	🍖	🍷
— Cocktail Basic Lime Juice	✔	✔
— Cocktail Basic Zitrone	✔	✔
— Cranberry	✔	✔
— Cuaro	✔	✔
— Erdbeere	✔	✔
— Frucht Prickler Apfel	✘	✔
— Frucht Prickler Apfel-Cassis	✘	✔
— Frucht Prickler Exotic	✘	✔
— Frucht Prickler Pink Grapefruit-Orange	✔	✔
— Fruchtig Frisch Sauerkirsch-Mix	✘	✔
— Fruchtschorle Apfel	✘	✔
— Fruchtschorle Cassis-Kirsch	✘	✔
— Fruchtschorle Cranberry	✔	✔
— Fruchtschorle Naturtrüber Apfel	✔	✔
— Fruchtschorle Rhabarber	✔	✔
— Gemüse-Mix	✔	✔
— Grapefruit	✔	✔
— Mango	✔	✔
— Maracuja	✔	✔
— Multivitamin	✔	✔
— Naturtrüber Apfel	✔	✔
— Orange	✔	✔
— Orange mit Fruchtfleisch	✔	✔
— Orange-Ananas	✔	✔
— Orange-Mango	✔	✔
— Orange-Maracuja	✔	✔
— Pfirsich	✔	✔
— Pink Grapefruit	✔	✔
— Rhabarber	✔	✔
— Sauerkirsch	✔	✔
— Schwarze Johannisbeere	✘	✔
— Tomate	✔	✔
— Traube	✔	✔

🍖 Tierisch 🍷 Alkohol ¹ gilt nur für die Emulgatoren ² nur für Gelatine

Produkt	🍷	🍸
— Traubensaft rot	✗	✔
— Trinkgenuß Apfel-Kirsch	✗	✔
— Trinkgenuß Apfelsaft urhell	✗	✔
Griesson Big Nut	✔	✔
— Black 5	✔	✔
— Choc & milk	✔	✔
— Choco Sticks, Choco Sticks white	✔	✔
— Chocolate-Mountain	✔	✔
— Crunchbits	✔	✔
— Duo Keks (Kakao, Minis)	✔	✔
— Feinkuchen Nussknacker	✔	✔
— Russisch Brot	✔	✔
— Schoko Keks (Vollmilch, Zartbitter)	✔	✔
— Schoko Keks Minis	✔	✔
— Schoko-Butterkeks (Vollmilch und Zartbitter)	✔	✔
— Schoko-Waffel (Vollmilch, Zartbitter)	✔	✔
— Shaun das Schaf Mini-Butterkeks	✔	✔
— Soft-Cake (Orange, Himbeer und Mini)	✔	✔
— Twist 'n' Snack (Käse und Salz),	✔	✔
Gut & Günstig 8er Ciabattabrötchen 560 g	✔	✔
— Erdbeer Vanille Hörnchen	✔	✔
— Erdbeer Vanille Sandwich	✔	✔
— Kartoffelpüree	✔	✔
— Mini-Choc mit Bourbon-Vanille 12 x 50 ml	✔	✔
— Premium Eis Stracciatella	✔	✗
— Speiseeisartikel bei EDEKA	✔	◆
— Waffeltüte Vanille-Schoko 6 x 120 ml	✔	✔
Gutes Land Kaffeeweißer	✔	–
Halk-Produkte	✔	✔
Harry-Brot Bäckerfrisch-Brote	✔	✔
— Baguette-Brötchen 2 St, 4 St	✔	✔
— Bergisches Landbrot 500 g	✔	✔
— Brötchen zum Fertigbacken	✔	✔

[3] nur für Emulgator Mono- und Diglyceride   [4] Schweinefleisch   [5] in Spuren

Produkt	🍖	🍷
— Butter-Toast 250 g, 500 g	✔	✔
— Das volle Korn – Katen 500 g	✔	✔
— Das volle Korn – Korn an Korn 500 g	✔	✔
— Das volle Korn – Schinken 500 g	✔	✔
— Das volle Korn – Sonne 500 g	✔	✔
— Dreikorn-Sonne Toast 500 g	✔	✔
— Ganzbrote	✔	✔
— Gerster 500 g	✔	✔
— Gerster 750 g (regionale Spezialität)	✔	✔
— Heidebrot 500 g	✔	✔
— Kerry Gold Buttertoast 500 g	✔	✔
— Knolli Kartoffelbrot 500 g	✔	✔
— Kommißbrot 500 g	✔	✔
— Korn-Eck gs. 750 g	✔	✔
— Krustenbrot gs. 500 g, 1000 g	✔	✔
— Lüneburger 1250 g (regionale Spezialität)	✔	✔
— Malfabrot 750 g (regionale Spezialität)	✔	✔
— Malz-Mehrkorn geschnitten 500 g	✔	✔
— Mischbrotschnitten	✔	✔
— Pumpernickel	✔	✔
— Sammy's Super Sandwich mit Vollkorn-Power 375 g, 750 g	✔	✔
— Sammy's Super Sandwich 375 g, 750 g	✔	✔
— Sonnenkern 500 g	✔	✔
— Steinofenbrot 1000 g	✔	✔
— Steinofenbrot 500 g, 250 g	✔	✔
— Tiefenbroicher geschnitten 750 g	✔	✔
— Toastbrot, Sandwich	✔	✔
— Unser Mildes 500 g	✔	✔
— Vierkorn mit Leinsamen 500 g	✔	✔
— Vollkorn Toast 250 g, 500 g	✔	✔
— Vollkornbrot	✔	✔
— Weltmeisterbrot 500 g	✔	✔

🍖 Tierisch 🍷 Alkohol [1] gilt nur für die Emulgatoren [2] nur für Gelatine

Produkt	🥩	🍷
Harvest Basket Backofen Kroketten	✔[1]	–
Heinz Ketchup	✔	✔
Hela Gewürzketchup Asia Gewürzsauce	✔	✔
— Bio-Schaschlik-Gewürzketchup	✔	✔
— Cayenne Gewürzsauce	✔	✔
— China Gewürzsauce	✔	✔
— Curry-Gewürzketchup	✔	✔
— Curry-Gewürzketchup, delikat	✔	✔
— Curry-Gewürzketchup, extra hot	✔	✔
— Curry-Gewürzketchup, light	✔	◆
— Curry-Gewürzketchup, scharf	✔	✔
— Knoblauch-Gewürzketchup	✔	✔
— Tomaten-Gewürzketchup	✔	✔
— Tomaten-Ketchup	✔	–
— Tomaten-Ketchup fruchtig	✔	✔
Hermann Pfanner Getränke GmbH	◆	–
Hidrofugal Creme	✔	✔
— Doppel Effekt Spray	✔	✔
— Forte	✔	✔
— Fuß Spray	✔	✔
— Pump-Spray	✔	✔
— Roll-On	✔	✔
— Sensitiv Spray	✔	✔
— Sensitiv Stick	✔	✔
— Spray	✔	✔
— Zerstäuber	✔	✔
Hipp Säfte	◆	–
Hitchcock Säfte	✔	–
Hochland Käse	◆	✔
Hohes C Apfel-Acerola	✔	–
— Frühstückssaft	✔	–
— Heim. Früchte Apfel-Birne	✘	–
— Heim. Früchte Apfel-Johannisbeere	✔	–

[3] nur für Emulgator Mono- und Diglyceride   [4] Schweinefleisch   [5] in Spuren

Produkt	🥩	🍷
— Heim. Früchte Apfel-Pflaume	✔	–
— Heim. Früchte Apfel-Quitte	✔	–
— Milder Apfel	✘	–
— Mineral Aktiv	✘	–
— Multivitamin	✔	–
— Multivitamin Mild	✔	–
— Naturelle Apfel Birne	✔	–
— Naturelle Apfel Zitrone	✔	–
— Naturelle Apfel-Grapefruit	✘	–
— Naturelle Apfel-Johannisbeere	✘	–
— Naturelle Apfel-Kirsche	✘	–
— Naturelle Apfel-Maracuja	✘	–
— Orange	✔	–
— Orange Mild	✔	–
— Orange mit Calcium	✔	–
— Orange mit Fruchtfleisch	✔	–
— Roter Multivitamin	✘	–
Homa Gold Pflanzenmargarine 80% Fett	✔	–
— Gold Unsere Beste 60% Fett	✔	–
— Unsere Beste Leicht (250 g)	✘	–
Hosta Nippon	✔	–
Humana Milchindustrie GmbH (verschiedene Eissorten)	◆	✔
Ibis Pro back Backwaren	✔	✔
Ice Fresh	✔	✔
Iglo 10 Fischstäbchen Chili 300 g	✘	✔
— 3 Riesen-Germknödel „Original aus Österreich" 500 g, enthält 50 g Mohn-Zucker-Mischung	✔	✔
— 4 Plätzli Champignon	✘	✔
— 4 Plätzli Käse-Schinken	✘	✔
— 4 Steaklets 300 g	✘	✔
— 8 Kräuter gemischt 25 g	✔	✔
— Apfel-Rotkohl Minis 1000 g	✘	✔
— Apfel-Rotkohl Minis 750 g, 450 g	✘	✔

🥩 Tierisch 🍷 Alkohol   ¹ gilt nur für die Emulgatoren ² nur für Gelatine

Produkt	🥩	🍷
— Asia Hähnchen in Curry-Creme-Sauce	✗	✔
— Asia Hähnchen in süß-saurer-Sauce	✗	✔
— Asia Wok-Mix	✔	✔
— Asiatischer Sojabohnen-Mix 300 g	✔	✔
— Basilikum 25 g	✔	✔
— Bio-Dampfgemüse mit Babykarotten 300 g	✔	✔
— Bio-Dampfgemüse mit Reis 300 g	✗	✔
— Blattspinat Gorgonzola 300 g	✗	✔
— Blattspinat mit Mozzarella von Galbani 300 g	✔	✔
— Blattspinat mit Philadelphia 300 g	✔	✔
— Broccoli Creme Suppe	✗	✔
— Broccoli-Röschen 300 g	✔	✔
— Buttergemüse 300 g	✔	✔
— Butter-Leipziger-Allerlei 300 g	✔	✔
— Calamares im Backteig 450 g	✗	✔
— Dill 25 g	✔	✔
— Erbsen und Karotten 450 g	✔	✔
— Farmers Gemüse 450 g	✔	✔
— Filegro in Kräutersauce 250 g	✗	✔
— Filegro Müllerin Art 250 g	✔	✔
— Filegro Rosmarin-Zitrone 250 g	✔	✔
— Fischfrikadellen 300 g, 750 g	✔	✔
— Fischstäbchen 450 g, 390 g, 300 g, 150 g	✔	✔
— Fix & Fertig Grünkohl 850 g	✗	✔
— Flusskrebsschwänze 200 g	✗	✔
— Frutti di Mare 275 g	✗	✔
— Gemüse Ideen in Curry-Rahm-Sauce 400 g	✔	✔
— Gemüse Ideen in Käse-Rucola-Sauce 400 g	✔	✔
— Gemüse Plus Patna + Wildreis 380 g	✔	✔
— Gemüsestäbchen 284 g	✔	✔
— Goldknusper-Filets Goldback 200 g	✔	✔
— Goldknusper-Filets Käse-Kräuter 200 g	✔	✔
— Goldknusper-Filets Spinat 200 g	✔	✔

[3] nur für Emulgator Mono- und Diglyceride [4] Schweinefleisch [5] in Spuren

Produkt	🥩	🍷
— Gourmet-Garnelen 250 g	✗	✔
— Gourmet-Garnelen 500 g	✗	✔
— Gourmet-Garnelen Provence 250 g	✗	✔
— Grüne Bohnen mit Speck 400 g	✗	✔
— Grünkohl 450 g	✔	✔
— Grünkohl 600 g	✔	✔
— Hähnchen mit Gartengemüse in Joghurt-Sauce 400 g	✗	✔
— Hähnchen mit grünem Spargel in Käse-Weißwein-Sauce 400 g	✗	✔
— Hähnchen-Dippers mit Käse 250 g	✗	✔
— Hähnchenfilets Joghurt-Pfeffer 250 g	✗	✔
— Hähnchenfilets Kräuter der Provence 250 g	✗	✔
— Hähnchen-Stäbchen 250 g	✗	✔
— Italienische Kräuter 25 g	✔	✔
— Junge Erbsen 300 g	✔	✔
— Junger Spinat Minis 750 g, 450 g	✔	✔
— Knoblauch-Duo 25 g	✔	✔
— Kräuter der Provence 25 g	✔	✔
— Kräuter für Blattsalat 30 g	✔	✔
— Kräuter für Gurkensalat 40 g	✔	✔
— Kräuter für Tomatensalat 40 g	✔	✔
— Kräuter-Fix für Geschnetzeltes „Jäger-Art" 50 g	✔	✔
— Kräuter-Fix für Hackbraten 50 g	✔	✔
— Kräuter-Fix für Kräuter-Sahne-Hähnchen 50 g	✔	✔
— Kräuter-Fix für Pasta Pesto 50 g	✔	✔
— Kräuter-Fix für Seelachs in Kräuter-Dill-Rahm 50 g	✔	✔
— Kräuter-Fix für Spaghetti Bolognese 50 g	✔	✔
— Lustige Inselwelt 250 g	✗	✔
— Marillenknödel 530 g	✔	✔
— Naturfilets Kräuter-Knoblauch 300 g	✗	✔
— Naturfilets Pfeffer-Paprika 300 g	✗	✔
— Naturfilets Zitrone-Schnittlauch 300 g	✗	✔

🥩 Tierisch 🍷 Alkohol [1] gilt nur für die Emulgatoren [2] nur für Gelatine

Produkt	🍖	🍷
— Oregano 25 g	✔	✔
— Pangasius Naturfilets 250 g	✔	✔
— Pastalini in Rahmspinat-Sauce 580 g	✔	✔
— Pazifische Scholle Naturfilets 250 g	✔	✔
— Pazifische Scholle Sylter Art 250 g	✔	✔
— Penne Creme Spinaci	✘	✔
— Penne Gorgonzola	✘	✔
— Petersilie 25 g	✔	✔
— Pfannen-Gemüse „Bauern Art" 400 g	✘	✔
— Pfannen-Gemüse „Chinesisch" 400 g	✔	✔
— Pfannen-Gemüse „Französisch" 400 g	✘	✔
— Pfannen-Gemüse „Italienisch" 400 g	✔	✔
— Pfannen-Gemüse der Saison Frühjahr/Sommer 400 g	✔	✔
— Pfannen-Gemüse der Saison Herbst/Winter 400 g	✔	✔
— Pfannen-Gemüse Indisches Tandoori 400 g	✔	✔
— Portionierbarer Blattspinat 450 g	✔	✔
— Prinzeßbohnen 300 g	✔	✔
— Produkte (allgemein)	◆	✔
— Rahm Erbsen & Karotten 400 g	✔	✔
— Rahm-Blattspinat 300 g	✔	✔
— Rahm-Blumenkohl 200 g Einzelportion	✔	✔
— Rahm-Blumenkohl 400 g	✔	✔
— Rahm-Gartengemüse 400 g	✔	✔
— Rahm-Karotten 400 g	✔	✔
— Rahm-Kohlrabi 400 g	✔	✔
— Rahm-Königsgemüse 200 g Einzelportion	✔	✔
— Rahm-Königsgemüse 400 g	✔	✔
— Rahm-Porree Minis 400 g	✔	✔
— Rahm-Rosenkohl 400 g	✘	✔
— Rahm-Spinat 150 g	✔	✔
— Rahm-Spinat des Jahres 450 g, Italia	✔	✔
— Rahm-Spinat Minis 1000 g	✔	✔

[3] nur für Emulgator Mono- und Diglyceride [4] Schweinefleisch [5] in Spuren

Produkt	🍖	🍷
— Rahm-Spinat Minis 750 g, 450 g	✔	✔
— Rahm-Wirsing Minis 400 g	✔	✔
— Rosenkohl-Röschen 450 g	✔	✔
— Salatkräuter 25 g	✔	✔
— Schlemmer-Filet à la Bordelaise 380 g	✔	✔
— Schlemmer-Filet Balance 380 g	�‍✗	✔
— Schlemmer-Filet Blattspinat 380 g	✗	✔
— Schlemmer-Filet Broccoli 380 g	✗	✔
— Schlemmer-Filet Champignon 380 g	✗	✔
— Schlemmer-Filet Gemüsegarten 380 g	✗	✔
— Schlemmer-Filet Italiano 380 g	✗	✔
— Schlemmer-Filet Philadelphia 380 g	✗	✔
— Schlemmer-Filet Picante 380 g	✗	✔
— Schlemmer-Filet Saison Edelpilz-Kräuter 380 g	✗	✔
— Schlemmer-Hähnchen Blattspinat 320 g	✗	✔
— Schlemmer-Hähnchen Champignon 320 g	✗	✔
— Schlemmer-Hähnchen Italiano 320 g	✗	✔
— Schlemmer-Pfanne Frühlingsgemüse 380 g	✔	✔
— Schlemmer-Pfanne Helgoland 380 g	✔	✔
— Schlemmer-Pfanne Senfino 380 g	✔	✔
— Schlemmer-Spinat mit Gorgonzola & Perlzwiebeln 300 g	✗	✔
— Schlemmer-Spinat mit Gouda & Zuckermais 300 g	✔	✔
— Schnittlauch 25 g	✔	✔
— Seehecht Naturfilets 300 g	✔	✔
— Seelachs Naturfilets 300 g	✔	✔
— Seemanns-Schmaus 300 g	✗	✔
— Sojabohnen pur & knackig 300 g	✔	✔
— Suppengemüse 300 g	✔	✔
— Suppengemüse mit würziger Gemüsebrühe 450 g	✔	✔
— Suppengrün 50 g	✔	✔
— Tilapia Naturfilets 250 g	✔	✔
— Tortelloni Tomaten-Sahne 430 g	✗	✔

🍖 Tierisch 🍷 Alkohol [1] gilt nur für die Emulgatoren [2] nur für Gelatine

Produkt	🥩	🍷
— Tortelloni Käse-Sahne	✗	✔
— Unser Bestes Seehecht 266 g	✔	✔
— Vivactiv Asiagemüse 700 g	✔	✔
— Vivactiv Balkangemüse 700 g	✔	✔
— Vivactiv Blattspinat 700 g	✔	✔
— Vivactiv Gartengemüse 700 g	✔	✔
— Vivactiv Gemüse-Reis mit Kokos und Rosinen 430 g	✔	✔
— Vivactiv Hähnchen-Gemüsepfanne mit Joghurt-Sauce 430 g	✗	✔
— Vivactiv Königsgemüse 700 g	✔	✔
— Wildlachs mit Tagliatelle in Zitronen-Joghurt-Sauce 400 g	✔	✔
— Wildlachs mit Tagliatelle in Zitronen-Joghurt-Sauce 400 g	✔	✔
— Wildlachs Naturfilets 250 g	✔	✔
— Würz-Blattspinat 300 g	✔	✔
— Würzspinat Minis 450 g	✔	✔
— Zwetschgenknödel 530 g	✔	✔
— Zwiebel-Duo 50 g	✔	✔
Intact Traubenzucker Produkte	✔	✔
ja! Buttertoast	✔	–
Kaffeeweißer von Krüger	✔	✔
Kaiserwappen Schoko-Lebkuchen Zartbitter	✔[1]	–
Karamell RIESEN	✔	✔
Katjes FRIGEO-Ahoj Brauseprodukte	✔	✔
— Fruchtgummi Gelee-Früchte	✔	✔
— Fruchtgummi Gelee-Oriental	✔	✔
— Fruchtgummi Yoghurt-Gums	✔	✔
— Fruchtgummi Yoghurt-Tropicale	✔	✔
— Granini Fruchtbonbons (Multivitamin, Apfel, Kirsch)	✔	✔
— Lakrits Euro-Lakritz	✔	–
— Lakrits Katjes-Kinder	✔	✔

[3] nur für Emulgator Mono- und Diglyceride   [4] Schweinefleisch   [5] in Spuren

Produkt	🥩	🍷
— Lakrits Katjes-Ohren	✔	✔
— Lakrits Katzen-Pfötchen	✘	✔
— Lakrits Streife Brise	✔	✔
— Produkte (allgemein)	◆	–
— Villosa Atemfrisch	✔[3]	–
— Villosa Eukamellen	✔[3]	–
— Villosa Früchte Bonbons	✔[3]	–
— Villosa Hustelinchen – Die Echten	✔[3]	–
— Villosa Hustelinchen, ohne Zucker	✔[3]	–
— Villosa Kräuterstücke	✔[3]	–
— Villosa Minis Fruchtbonbons	✔[3]	–
— Villosa Multivitamin Bonbons	✔[3]	–
— Villosa Sallos Black & White	✔[3]	–
— Villosa Sallos Explosiv	✔[3]	–
— Villosa Sallos Schul-Kreide	✔[3]	–
— Villosa Sallos Zuckerfrei	✔[3]	–
— Villosa Sallos, Das Original	✔[3]	–
— Villosa Schoko-Toffees	✔[3]	–
Kau Früchtchen	✔	✔
Kaufland Eis	✔	◆
Kellogs Müsli mit Halal-Zertifikat (auf der Verpackung gekennzeichnet)	✔	✔
Kinley	✔	✔
— Bitter Lemon	✔	✔
KitKat	✔	✔
Knoppers	✔	✔
Knorr	✔	✔
— Activ Broccolicreme Suppe mit Knusper-Croûtons (3 x 1 Portion)	✔	–
— Activ Champignoncreme Suppe (3 x 1 Portion)	✔	–
— Activ Erbsencreme Suppe mit Kartoffeln und Kräutern (2 Teller)	✔	–
— Activ Gartengemüse Suppe mit Nudeln (2 Teller)	✔	–

🥩 Tierisch 🍷 Alkohol ¹ gilt nur für die Emulgatoren ² nur für Gelatine

Produkt	🥩	🍷
— Activ Grüne Nudel-Suppe mit Käse (1 Portion)	✔	–
— Activ Kartoffelcreme Suppe mit Bärlauch (2 Teller)	✔	–
— Activ Tomaten Mozzarella-Suppe mit Nudel und Basilikum (1 Portion)	✔	–
— Activ Tomatencreme Suppe mit Knusper-Croûtons (3 x 1 Portion)	✔	–
— Activ-Gerichte Bunte Spiralnudeln in Kräuter-Sauce	✔	–
— Activ-Gerichte Farfalle mit Frühlingsgemüse	✔	–
— Activ-Gerichte Nudeln mit Blattspinat in Frischkäse-Sauce	✔	–
— Activ-Gerichte Nudeln mit Champignons	✔	–
— Activ-Gerichte Penne mit Broccoli und Frühlingskräutern	✔	–
— Activ-Gerichte Penne mit Sommergemüse in Tomaten-Sauce	✔	–
— AROMAT Universal (Beutel)	✔	–
— AROMAT Universal (Streuer)	✔	–
— Asia Fix für Bami Goreng	✔	–
— Asia Fix für Chinesisch süß-sauer	✔	–
— Asia Fix für Chop Suey	✔	–
— Asia Fix für Curry-Pfanne Madras	✔	–
— Asia Nudel Snack Curry	✔	–
— Asia Nudel Snack Hot Spicy	✔	–
— Brühen Bouillon Bio Gemüse (3 l Würfel)	✔	–
— Brühen Bouillon Bio Gemüse (4 l Glas)	✔	–
— Brühen Delikatessbrühe (4 l Würfel)	✔	–
— Brühen Delikatessbrühe (16 l Dose)	✔	–
— Brühen Delikatessbrühe (7 l Glas)	✔	–
— Brühen Fette Brühe (5 l Würfel)	✔	–
— Brühen Gemüsebouillon (16 l Dose)	✔	–
— Brühen Gemüsebouillon (6 l Glas)	✔	–
— Brühen Gemüsebouillon (8 l Würfel)	✔	–
— Brühen Klare Suppe mit Suppengrün (8 l Würfel)	✔	–

³ nur für Emulgator Mono- und Diglyceride ⁴ Schweinefleisch ⁵ in Spuren

Produkt	🔴	🍷
— Brühen Pilz Bouillon	✔	–
— Croutinos Salat-Crouton-Komposition mit Paprika und Pinienkernen	✔	–
— Croutinos Salat-Crouton-Komposition mit Sonnenblumenkernen	✔	–
— Croutinos Salat-Crouton-Komposition mit Walnuß und Sojakernen	✔	–
— Croutinos Salat-Crouton-Komposition mit Zwiebeln	✔	–
— Feinkost Ketchupi Tomatenketchup mit weniger Zucker	✔	–
— Feinkost Tomatenketchup	✔	–
— Feinschmecker Bärlauchcreme Suppe (2 Teller)	✔	–
— Feinschmecker Blumenkohl-Broccolicreme-Suppe (2 Teller)	✔	–
— Feinschmecker Broccolicreme Suppe (2 Teller)	✔	–
— Feinschmecker Champignoncreme-Suppe (2 Teller)	✔	–
— Feinschmecker Fränkische Grünkerncreme-Suppe (2 Teller)	✔	–
— Feinschmecker Französische Zwiebelsuppe (3 Teller)	✔	–
— Feinschmecker Kartoffel Steinpilz-Creme Suppe (2 Teller)	✔	–
— Feinschmecker Kürbiscreme Suppe	✔	–
— Feinschmecker Lauchcreme-Suppe (2 Teller)	✔	–
— Feinschmecker Pfifferling Cremesuppe mit Frühlingskräutern (2 Teller)	✔	–
— Feinschmecker Saucen 3 Pfeffer Sauce	✔	–
— Feinschmecker Saucen Champignon Rahm Sauce	✔	–
— Feinschmecker Saucen Crème fraiche Sauce	✔	–
— Feinschmecker Saucen Curry Sauce	✔	–
— Feinschmecker Saucen Edelpilz Sauce	✔	–
— Feinschmecker Saucen Jäger Sauce	✔	–

🔴 Tierisch 🍷 Alkohol ¹ gilt nur für die Emulgatoren ² nur für Gelatine

Produkt	🥩	🍷
— Feinschmecker Saucen Kräuter Käse Sauce	✔	–
— Feinschmecker Sommerküche Kräuter Rahm Sauce	✔	–
— Feinschmecker Sommerküche Paprika Rahm Sauce	✔	–
— Feinschmecker Sommerküche Weißwein Zitronen Sauce	✔	–
— Feinschmecker Spargelcreme Suppe weiß grün (2 Teller)	✔	–
— Feinschmecker Spargelcreme-Suppe (2 Teller)	✔	–
— Feinschmecker Tomatencreme-Suppe Mallorca (2 Teller)	✔	–
— Feinschmecker Tomaten-Mozzarella-Suppe (2 Teller)	✔	–
— Feinschmecker Tomaten-Suppe „Toscana" (2 Teller)	✔	–
— Feinschmecker Tomaten-Suppe mit Reis (3 Teller)	✔	–
— Feinschmecker Waldpilz-Suppe (2 Teller)	✔	–
— Fix für Bauerntopf	✔	–
— Fix für Broccoli-Gratin	✔	–
— Fix für Chili con Carne	✔	–
— Fix für Currywurst	✔	–
— Fix für Gefüllte Ofen-Schnitzel „Toscana"	✔	–
— Fix für Gefüllte Ofen-Zucchini	✔	–
— Fix für Geschnetzeltes „Züricher Art"	✔	–
— Fix für Griechischen Hackbraten	✔	–
— Fix für Grillspieße Western Art	✔	–
— Fix für Gulasch	✔	–
— Fix für Hackbällchen Toscana	✔	–
Fix für Hackbraten	✔	–
— Fix für Hackfleisch „Jäger Art"	✔	–
— Fix für Hackfleisch-Käse-Suppe mit Lauch	✔	–
— Fix für Hackfleisch-Schafskäse-Auflauf	✔	–
— Fix für Hack-Reis-Topf	✔	–
— Fix für Hähnchen Reis Topf	✔	–

[3] nur für Emulgator Mono- und Diglyceride [4] Schweinefleisch [5] in Spuren

Produkt	🍖	🍷
— Fix für Hähnchenfilet Romana	✔	–
— Fix für Kartoffel-Gratin	✔	–
— Fix für Kräuter-Rahmschnitzel	✔	–
— Fix für Kräuter-Sahne Hähnchen	✔	–
— Fix für Lasagne al forno	✔	–
— Fix für Mediterraner Grillteller	✔	–
— Fix für Nudel Mozzarella Gratin	✔	–
— Fix für Nudel-Broccoli-Auflauf	✔	–
— Fix für Nudel-Hackfleisch-Gratin	✔	–
— Fix für Nudel-Schinken Gratin	✔	–
— Fix für Ofen-Makkaroni alla mamma	✔	–
— Fix für Pfeffer-Rahmmedaillons	✔	–
— Fix für Putengeschnetzeltes	✔	–
— Fix für Rahmchampignons	✔	–
— Fix für Ratatouille Paprikagemüse franz. Art	✔	–
— Fix für Sauerbraten	✔	–
— Fix für Schlemmergeschnetzeltes	✔	–
— Fix für Schmorbraten	✔	–
— Fix für Schwedische Hackbällchen	✔	–
— Fix für Spaghetti Bolognese	✔	–
— Fix für Spaghetti in Basilikum Sahne	✔	–
— Fix für Spaghetti Napoli	✔	–
— Fix für Tomaten Bolognese	✔	–
— Fix für Waldpilz-Rahm Geschnetzeltes	✔	–
— Fix für Würstchen-Gulasch	✔	–
— Fix für Zigeuner-Pfanne	✔	–
— Fix für Zwiebel-Rahmschnitzel	✔	–
— Fix leicht für Fisch-Gratin all' Italia	✔	–
— Fix leicht für Mediterranes Ofengemüse mit Hackfleisch	✔	–
— Fix leicht für Paprika-Reis Pfanne	✔	–
— Fix leicht für Puten-Champignon Pfanne	✔	–

🍖 Tierisch 🍷 Alkohol   [1] gilt nur für die Emulgatoren [2] nur für Gelatine

Produkt	🥩	🍷
— Gemüse satt Bunte Gemüse Suppe mit Olivenöl Kräutern (instant)	✔	–
— Gemüse satt Frühlings Gemüse Suppe	✔	–
— Gemüse satt Frühlingsgemüse Suppe (instant 3 x 1 Portion)	✔	–
— Gemüse satt Gartengemüse Suppe mit Kräutern (instant)	✔	–
— Gemüse satt Kartoffel Lauch Suppe	✔	–
— Gemüse satt Kartoffel Lauch Suppe (instant 3 x 1 Portion)	✔	–
— Gemüse satt Kartoffel Lauch Suppe mit Karotten Petersilie (instant)	✔	–
— Gemüse satt Mediterrane Tomaten Suppe (instant 3 x 1 Portion)	✔	–
— Gemüse satt Provencalische Gemüse Suppe (2 Teller)	✔	–
— Gemüse satt Sommer Gemüse Suppe	✔	–
— Gemüse satt Sommergemüse Suppe (instant 3 x 1 Portion)	✔	–
— Gemüse satt Sonnentomaten Suppe mit Olivenöl Basilikum (instant)	✔	–
— Gemüse satt Strauchtomatensuppe	✔	–
— Hütten Schmaus Emmentaler Makkaroni	✔	–
— Kräuterlinge zum Streuen Frühlingskräuter	✔	–
— Kräuterlinge zum Streuen Gartenkräuter	✔	–
— Kräuterlinge zum Streuen Italienische Kräuter	✔	🍷
— Kräuterlinge zum Streuen Kräuter der Provence	✔	–
— Limited Edition „Teufelchen" Scharfe Grillsauce mit feurigem Chili	✔	–
— Nasssuppen Tomatencreme Suppe mit sonnengetrockneten Tomaten und Mascarpone	✔	–
— Nasssuppen Tomaten-Paprika Suppe mit feurigem Pfeffer	✔	–

[3] nur für Emulgator Mono- und Diglyceride [4] Schweinefleisch [5] in Spuren

Produkt	🥩	🍷
— Nasssuppen Waldpilz Suppe mit Champignons und Pfifferlingen	✔	–
— Salatkrönung für klare Kräuter-Sauce 7 Kräuter	✔	–
— Salatkrönung für klare Kräuter-Sauce Balsamico-Kräuter	✔	–
— Salatkrönung für klare Kräuter-Sauce Bärlauch-Schalotten-Kräuter	✔	–
— Salatkrönung für klare Kräuter-Sauce Dill-Kräuter	✔	–
— Salatkrönung für klare Kräuter-Sauce Französische Art	✔	–
— Salatkrönung für klare Kräuter-Sauce Frühlingskräuter	✔	–
— Salatkrönung für klare Kräuter-Sauce Gartenkräuter	✔	–
— Salatkrönung für klare Kräuter-Sauce Gartenkräuter mit Knoblauch	✔	–
— Salatkrönung für klare Kräutersauce Griechische Art	✔	–
— Salatkrönung für klare Kräuter-Sauce Italienische Art	✔	–
— Salatkrönung für klare Kräuter-Sauce Kräuter der Provence	✔	–
— Salatkrönung für klare Kräuter-Sauce Kräuter mit Frühlingszwiebeln	✔	–
— Salatkrönung für klare Kräuter-Sauce Küchenkräuter	✔	–
— Salatkrönung für klare Kräuter-Sauce Paprika-Kräuter	✔	–
— Salatkrönung für klare Kräuter-Sauce Sommerkräuter mit Zitronennote	✔	–
— Salatkrönung für klare Kräuter-Sauce Zwiebel-Kräuter	✔	–
— Schlemmersaucen Asia süß-sauer Sauce	✔	–

🥩 Tierisch 🍷 Alkohol [1] gilt nur für die Emulgatoren [2] nur für Gelatine

Produkt	🥩	🍷
— Schlemmersaucen Chili-Sauce	✔	–
— Schlemmersaucen Schaschlik-Sauce	✔	–
— Schlemmersaucen Steak-Sauce	✔	–
— Schlemmersaucen Zigeuner-Sauce	✔	–
— Snack Bar Indian Curry Nudeln	✔	–
— Snack Bar Spaghetti in Tomaten Soße	✔	–
— Snack Bar Tassengerichte Kartoffelpüree mit Käse Croûtons	✔	–
— Snack Bar Tassengerichte Mexikanisches Salsa	✔	–
— Snack Bar Thai Hot Chili Nudeln	✔	–
— Soßen Champignon Rahmsoße zum Schnitzel (2 x 1/4 l Päckchen)	✔	–
— Soßen Helle Soße (2 l Dose)	✔	–
— Soßen Helle Soße (3 x 1/4 l Päckchen)	✔	–
— Soßen Jäger Soße (2 x 1/4 l Päckchen)	✔	–
— Soßen Jäger Soße (3 x 1/4 l Päckchen)	✔	–
— Soßen Jägersoße (2 l Dose)	✔	–
— Soßen Kräuter Soße (2 x 1/4 l Päckchen)	✔	–
— Soßen Kräuter Soße (3 x 1/4 l Päckchen)	✔	–
— Soßen Pfeffer Rahmsoße zu Medaillons (2 x 1/4 l Päckchen)	✔	–
— Soßen Rahmsoße (1,75 l Dose)	✔	–
— Soßen Rahmsoße (3 x 1/4 l Päckchen)	✔	–
— Soßen Soße nach Art Hollandaise (2 x 1/4 l Päckchen)	✔	–
— Soßen Soße nach Art Hollandaise (3 x 1/4 l Päckchen)	✔	–
— Soßen Soße zum Braten (2,75 l Dose)	✔	–
— Soßen Soße zum Braten (3 x 1/4 l Päckchen)	✔	–
— Soßen Tomaten Soße (2 x 1/4 l Päckchen)	✔	–
— Soßen Tomaten Soße (3 x 1/4 l Päckchen)	✔	–
— Soßen Zwiebel Rahmsoße zu Frikadellen (2 x 1/4 l Päckchen)	✔	–

[3] nur für Emulgator Mono- und Diglyceride [4] Schweinefleisch [5] in Spuren

Produkt	🍖	🍷
— Spaghetteria Funghi – Pasta in Pilzsauce	✔	–
— Spaghetteria Napoli – Pasta in Tomaten Sauce	✔	–
— Spaghetteria Pomodoro Mozzarella – Pasta in Tomaten Käse Sauce	✔	–
— Spaghetteria Quattro Formaggi – Pasta mit 4-Käse-Sauce	✔	–
— Spaghetteria Sauce Aglio Speciale	✔	–
— Spaghetteria Sauce Mozzarella Tomaten, Mozzarella Basilikum	✔	–
— Spaghetteria Sauce Napoli Tomaten Kräuter	✔	–
— Spaghetteria Sauce Parmarosa Tomaten Käse	✔	–
— Spaghetteria Sauce Quattro Formaggi 4 Sorten Käse Basilikum	✔	–
— Spaghetteria Spinaci – Pasta mit Spinat u. cremiger Käse Sahne Sauce	✔	–
— Suppenliebe Blumenkohlcreme Suppe (4 Teller)	✔	–
— Suppenliebe Buchstaben-Suppe (4 Teller)	✔	–
— Suppenliebe Dino Suppe	✔	–
— Suppenliebe Frühlings-Suppe (4 Teller)	✔	–
— Suppenliebe Kartoffel Suppe mit Kresse (4 Teller)	✔	–
— Suppenliebe Piraten Suppe	✔	–
— Suppenliebe Spargelcreme Suppe (4 Teller)	✔	–
— Suppenliebe Sternchen-Suppe (4 Teller)	✔	–
— Suppenliebe Teddy Suppe	✔	–
— Suppenliebe Tomatencreme Suppe (4 Teller)	✔	–
— Suppenliebe Zahlen-Suppe (4 Teller)	✔	–
— Tomato al Gusto Arrabiata	✔	–
— Tomato al Gusto Basilikum	✔	–
— Tomato al Gusto Champignon	✔	–
— Tomato al Gusto Kräuter	✔	–
— Tomato al Gusto Lasagne	✔	–
— Tomato al Gusto Passierte Tomaten	✔	–
— Tomato al Gusto Pizza	✔	–

🍖 Tierisch 🍷 Alkohol ¹ gilt nur für die Emulgatoren ² nur für Gelatine

Produkt	🥩	🍷
— Tomato al Gusto Tomaten Stückchen	✔	–
— Vie Ananas-Passionsfrucht-Mais	✔	–
— Vie Apfel-Karotte-Erdbeere	✔	–
— Vie Banane-Kürbis-Kiwi	✔	–
— Vie Limitierte Sommer-Edition Pfirsich Karotte Kokosnuss	✔	–
— Vie Orange-Banane-Karotte	✔	–
Kornmark Weizenmischbrot	✔	✔
Kraft Foods Allgemein	✔	◆
— Arrabbiata	✔	✔
— Café Hag Crema	✔	✔
— Café Hag klassisch Mild	✔	✔
— Chester Schmelzkäse	✔	✔
— I love Milka Geschenkherz 187 g	✔	✔
— I love Milka Hauchzarte Herzen Alpenmilch	✔	✔
— I love Milka Hauchzarte Herzen Zartherb	✔	✔
— I love Milka Impulsherz 50 g	✔	✔
— I love Milka Nuss-Nougat-Crème Pralinés	✔	✔
— Jacobs 2 in 1	✔	✔
— Jacobs 3 in 1	✔	✔
— Jacobs Cafè Hag Herzhaft kräftig	✔	✔
— Jacobs Cafè Hag klassisch mild	✔	✔
— Jacobs Cappuccino Cremafino	✔	✔
— Jacobs Cappuccino Specials Milka	✔	✔
— Jacobs Cappuccino Specials Oreo	✔	✔
— Jacobs Carismo Caffè Crema	✔	✔
— Jacobs Carismo Caffè Crema Classico	✔	✔
— Jacobs Carismo Caffè Crema Intenso	✔	✔
— Jacobs Carismo Caffè Crema Mild	✔	✔
— Jacobs Carismo Caffè Crema Supremo	✔	✔
— Jacobs Carismo Espresso	✔	✔
— Jacobs Choco Cappuccino	✔	✔
— Jacobs Choco Cappuccino so leicht	✔	✔

³ nur für Emulgator Mono- und Diglyceride ⁴ Schweinefleisch ⁵ in Spuren

Produkt	🐄	🍷
— Jacobs Choco Cappuccino Vanille	✔	✔
— Jacobs Choco Nuss Cappuccino	✔	✔
— Jacobs Espresso	✔	✔
— Jacobs Krönung	✔	✔
— Jacobs Krönung (Mahlkaffee)	✔	✔
— Jacobs Krönung Aroma Bohne	✔	✔
— Jacobs Krönung Balance	✔	✔
— Jacobs Krönung Caffè Crema (ganze Bohne)	✔	✔
— Jacobs Krönung Caffè Crema XL	✔	✔
— Jacobs Krönung Caffè Variation (ganze Bohne)	✔	✔
— Jacobs Krönung Caffè Vollmundig intensiv	✔	✔
— Jacobs Krönung Cappuccino	✔	✔
— Jacobs Krönung Cappuccino (entkoffeiniert)	✔	✔
— Jacobs Krönung Cappuccino so leicht	✔	✔
— Jacobs Krönung Cappuccino weniger süß	✔	✔
— Jacobs Krönung Entkoffeiniert	✔	✔
— Jacobs Krönung Espresso	✔	✔
— Jacobs Krönung Gold	✔	✔
— Jacobs Krönung Latte Macchiato	✔	✔
— Jacobs Krönung Klassisch	✔	✔
— Jacobs Krönung Kräftig	✔	✔
— Jacobs Krönung Mild	✔	✔
— Jacobs Krönung Sanft + Mild	✔	✔
— Jacobs Krönung Verwöhnkanne	✔	✔
— Jacobs Meisterröstung	✔	✔
— Jacobs Milea	✔	✔
— Kaba	✔	✔
— Kaba Erdbeere	✔	✔
— Kaba Himbeere	✔	✔
— Maxwell House klassisch	✔	✔
— Milka & Daim 45 g	✔	✔
— Milka (allgemein)	✔	◆
— Milka Adventskalender	✔	✔

🐄 Tierisch 🍷 Alkohol ¹ gilt nur für die Emulgatoren ² nur für Gelatine

Produkt	🥩	🍷
— Milka Adventskalender Tafel 100 g	✔	✔
— Milka alles Gute a la Dessert au Chocolat 125 g	✔	✔
— Milka alles Gute a la Dessert au Chocolat 187 g	✔	✔
— Milka alles Gute a la Dessert au Chocolat 50 g	✔	✔
— Milka Alpenmilch 300 g	✔	✔
— Milka Alpenmilch 40 g	✔	✔
— Milka Amavel Pralinés 140 g	✔	✔
— Milka Choc'n Choc	✔	✔
— Milka Choco & Rice 200 g	✔	✔
— Milka Choco & Rice 45 g	✔	✔
— Milka Choco Biscuit	✔	✔
— Milka Choco Cookie	✔	✔
— Milka Chrispy Joghurt	✔	✔
— Milka Christbaum Kugeln	✔	✔
— Milka Christbaum Taler	✔	✔
— Milka Dekorative Eier	✔	✔
— Milka Dekorative Kugeln	✔	✔
— Milka Diät Zartherb 100 g	✔	✔
— Milka Exkl. Eier Nougat Praliné	✔	✔
— Milka Feine Eier Alpenmilch	✔	✔
— Milka Feine Eier Noisette	✔	✔
— Milka Feine Eier Nougat Crème	✔	✔
— Milka Feine Kugeln Alpenmilch	✔	✔
— Milka Feine Kugeln Blätterkrokant	✔	✔
— Milka Feine Kugeln Noisette	✔	✔
— Milka Feine Kugeln Nougat Crème	✔	✔
— Milka Feiner Eier Blätterkrokant	✔	✔
— Milka Festl. Weihnachts-Mandeln	✔	✔
— Milka Frühlings-Mandeln	✔	✔
— Milka Ganze Haselnüsse 300 g	✔	✔
— Milka Ganze Haselnüsse 45 g	✔	✔
— Milka Geschenkanhänger	✔	✔
— Milka Große Ostermischung 265 g	✔	✔

[3] nur für Emulgator Mono- und Diglyceride [4] Schweinefleisch [5] in Spuren

Produkt	🥩	🍷
— Milka Kleine Eier Alpenmilch	✔	✔
— Milka Kleine Eier Knister	✔	✔
— Milka Kleine Eier Milch Crème	✔	✔
— Milka Kleine Kugeln Alpenmilch	✔	✔
— Milka Kleine Kugeln Knister	✔	✔
— Milka Kleine Kugeln Milch Crème	✔	✔
— Milka Kleine Versuchung 240 g	✔	✔
— Milka kleines Dankeschön 125 g	✔	✔
— Milka kleines Dankeschön 187 g	✔	✔
— Milka kleines Dankeschön 50 g	✔	✔
— Milka Knusper Eier Alpenmilch	✔	✔
— Milka Knusper Eier Latte Macchiato	✔	✔
— Milka Knusper Eier Weiße	✔	✔
— Milka Knusper Kugeln Alpenmilch	✔	✔
— Milka Knusper Kugeln Latte Macchiato	✔	✔
— Milka Knusper Kugeln Weiße	✔	✔
— Milka Knusper-Eier Komposition	✔	✔
— Milka Knusper-Kugel Komposition	✔	✔
— Milka Leo Go	✔	✔
— Milka Lila Grüße	✔	✔
— Milka lustige Schiebelade	✔	✔
— Milka Mini Schmunzelhasen	✔	✔
— Milka Mini Weihnachtsmänner	✔	✔
— Milka M-joy Alpine Milk	✔	✔
— Milka M-joy Crispy Cereal	✔	✔
— Milka M-joy Peanuts & Flakes	✔	✔
— Milka M-joy Whole Hazelnut	✔	✔
— Milka NAPS Beutel 119 g	✔	✔
— Milka Noisette 300 g	✔	✔
— Milka Nussini	✔	✔
— Milka Nuss-Nougat-Crème 300 g	✔	✔
— Milka Originelle Ostertafeln	✔	✔
— Milka Originelle Weihnachtstafeln	✔	✔

🥩 Tierisch 🍷 Alkohol   ¹ gilt nur für die Emulgatoren ² nur für Gelatine

Produkt	🍖	🍷
— Milka Osterbecher	✔	✔
— Milka Oster-Bonbons	✔	✔
— Milka Oster-Edition	✔	✔
— Milka Osterknusper	✔	✔
— Milka Ostermischung 175 g	✔	✔
— Milka Oster-Schokolade	✔	✔
— Milka Osterwiese	✔	✔
— Milka Schmunzelhase Alpenmilch	✔	✔
— Milka Schmunzelhase Kuhflecken	✔	✔
— Milka Schmunzelhase Nuss	✔	✔
— Milka Schmunzelhase Weiß	✔	✔
— Milka Schmunzelhase Zartherb	✔	✔
— Milka Schmunzelhasen-Ei	✔	✔
— Milka Schmunzelhasen Naps Tasche	✔	✔
— Milka Schmunzelhasen Tafel	✔	✔
— Milka Schneekugeln 110 g	✔	✔
— Milka Schneemann 60 g	✔	✔
— Milka Schoko + Keks 300 g	✔	✔
— Milka Schoko Drops	✔	✔
— Milka Schoko Knospen	✔	✔
— Milka Schokodrink	✔	✔
— Milka Schokolatius	✔	✔
— Milka Toffee Ganznuss 300 g	✔	✔
— Milka Triolade 300 g	✔	✔
— Milka Weihnachts Edition	✔	✔
— Milka Weihnachtsbecher	✔	✔
— Milka Weihnachtsmann Alpenmilch	✔	✔
— Milka Weihnachtsmann Kuhflecken	✔	✔
— Milka Weihnachtsmann Naps Tasche	✔	✔
— Milka Weihnachtsmann Nuss	✔	✔
— Milka Weihnachtsmann Tafel 85 g	✔	✔
— Milka Weihnachtsmann Weiß	✔	✔
— Milka Weihnachtsmann Zartherb	✔	✔

[3] nur für Emulgator Mono- und Diglyceride [4] Schweinefleisch [5] in Spuren

Produkt	🍖	🍷
— Milka Weihnachtsmischung 175 g	✔	✔
— Milka Weihnachtsmischung 265 g	✔	✔
— Milka Weihnachtsnaps Alpenmilch	✔	✔
— Milka Weihnachtsschokolade	✔	✔
— Milka Weihnachts-Stube	✔	✔
— Milka White & Rice 200 g	✔	✔
— Milka zarte Weihnachtssterne	✔	✔
— Milketten Haselnuss 40 g	✔	✔
— Milketten Nougat 40 g	✔	✔
— Mirácoli Maccaroni mit Tomatensauce	✔	✔
— Mirácoli Pasta Sauce Arrabbiata	✔	✔
— Mirácoli Pasta Sauce Tomate Basilikum	✔	✔
— Mirácoli Pasta Sauce Tomate Knoblauch	✔	✔
— Mirácoli Pasta Sauce Tomate Kräuter	✔	✔
— Mirácoli Pasta Sauce Tomate Ricotta	✔	✔
— Mirácoli Spaghetti Arrabbiata	✔	✔
— Mirácoli Spaghetti Bolognese	✔	✔
— Mirácoli Spaghetti mit Tomatensauce	✔	✔
— Mirácoli Spaghetti Mozzarella	✔	✔
— Mirácoli Spaghetti Pesto alla Genovese	✔	✔
— Mirácoli Spaghetti Tomate Basilikum	✔	✔
— Mirácoli Vollkorn Spaghetti mit Tomatensauce	✔	✔
— Mirácoli Vollkorn Spirelli Tomate Sahne	✔	✔
— Naps Weihnachtsmann	✔	✔
— Naturkäseblock Lindenberger	✔	✔
— Naturkäseblock Lindenberger leicht	✔	✔
— Onko Cappuccino	✔	✔
— Onko Choco Cappuccino	✔	✔
— Onko entkoffeiniert	✔	✔
— Onko klassisch	✔	✔
— Onko Mild	✔	✔
— Onko Sanft	✔	✔
— Oster Naps	✔	✔

🍖 Tierisch 🍷 Alkohol [1] gilt nur für die Emulgatoren [2] nur für Gelatine

Produkt	🥩	🍷
— Philadelphia alla Pesto verde & Tomate Balance	✔	✔
— Philadelphia Feta & Gurke Balance	✔	✔
— Philadelphia gegrillte Paprika Balance	✔	✔
— Philadelphia Joghurt Balance	✔	✔
— Philadelphia Kräuter Balance	✔	✔
— Philadelphia Kräuter Doppelrahmstufe	✔	✔
— Philadelphia Kräuter so leicht	✔	✔
— Philadelphia Meerettich Balance	✔	✔
— Philadelphia mit Milka	✔	✔
— Philadelphia Natur Balance	✔	✔
— Philadelphia Natur Doppelrahmstufe	✔	✔
— Philadelphia Natur so leicht	✔	✔
— Philadelphia Pilzmischung mit Steinpilz Balance	✔	✔
— Philadelphia Radieschen & Kräuter Balance	✔	✔
— Philadelphia Schnittlauch Balance	✔	✔
— Philadelphia Ziegenkäse & getr. Tomaten Balance	✔	✔
— Starbucks House Blend	✔	✔
— Steak & Grill Ketchup Chili	✔	✔
— Suchard Express	✔	✔
— Toblerone Dunkel	✔	✔
— Toblerone Milch	✔	✔
— Toblerone Milk One by One	✔	✔
— Toblerone Weiß	✔	✔
— Tomate Basilikum	✔	✔
— Tomate Kräuter	✔	✔
— Tomaten Ketchup	✔	✔
— Twinings Darjeeling	✔	✔
— Twinings Earl Grey	✔	✔
— Twinings Grüner Tee mit Minze	✔	✔
— Twinings Waldfrucht	✔	✔
— Zarte Frühlingsblüten	✔	✔
Kuchenmeister Baumkuchenspitzen	✔	✘
— Edel-Marzipanstollen	✔	✔

³ nur für Emulgator Mono- und Diglyceride ⁴ Schweinefleisch ⁵ in Spuren

Produkt	🥩	🍷
— Folienkuchen Früchte	✔	✔
— Folienkuchen Herren (Schoko)	✔	✔
— Folienkuchen Marmor	✔	✔
— Folienkuchen Marzipan	✔	✔
— Folienkuchen Zitrone	✔	✔
— Fruchtstollen	✔	✔
— Produkte allgemein	✔	◆
Küstengold Hamburger Brötchen mit Sesam 300 g	✔	✔
Labello	◆	–
— Fruity Shine Dragon Fruit	✔	–
— Glamorous Gloss Natural	✔	–
— Glamorous Gloss Pink Sugar	✔	–
— Natural Volume	✔	–
Landgut Leinsamen Kornschnitten	✔	–
— Mehrkorn-Mühlenbrot geschnitten, 500 g	✔	✔
— Pfunds Schnitten	✔	✔
— Weizenmischbrot Das Milde, 500 g	✔	✔
Langnese Bananenflanke	✔	–
— Big Milk	✔	–
— Brauner Bär	✔	–
— Calippo Cola	✔	–
— Calippo Shots Cool Dragon	✔	–
— Capri	✔	–
— Cornetto Bottermelk Zitrone	✔	–
— Cornetto Choco Disc	✔	–
— Cornetto Erdbeer	✔	–
— Cornetto Haselnuss	✔	–
— Cornetto Royal Amarena	✔	–
— Cremissimo & Partner Milka Kuhflecken 900 ml	✘	–
— Cremissimo & Partner Niederegger 900 ml	✔	–
— Cremissimo & Partner Toblerone 900 ml	✔	–
— Cremissimo Amore di Amaretto	✔	✘
— Cremissimo Classic Schokolade 900 ml	✔	–

🥩 Tierisch 🍷 Alkohol   ¹ gilt nur für die Emulgatoren   ² nur für Gelatine

Produkt	🥩	🍷
— Cremissimo Classic Stracciatella 900 ml	✔	–
— Cremissimo Classic Vanille 1000 ml	✗	–
— Cremissimo Classic Vanille-Erdbeer 900 ml	✔	–
— Cremissimo Classic Vanille-Schokolade 900 ml	✔	–
— Cremissimo Classic Walnuss 900 ml	✗	–
— Cremissimo Eierlikör-Vanille	✔	–
— Cremissimo Eiskompositionen Amarena 900 ml	✔	✗
— Cremissimo Eiskompositionen Banana Split 900 ml	✔	–
— Cremissimo Eiskompositionen Crema di Mascarpone 900 ml	✔	–
— Cremissimo Eiskompositionen Nocciolato 900 ml	✔	–
— Cremissimo Eiskompositionen Schwarzwälder Kirsch 900 ml	✔	–
— Cremissimo Eiskompositionen Tiramisu 900 ml	✔	✗
— Cremissimo Leichter Genuss Amarena Romantica 200 ml	✔	–
— Cremissimo Leichter Genuss Erdbeer-Vanille Traum 200 ml	✔	–
— Cremissimo Leichter Genuss Passione di Cioccolato 200 ml	✔	–
— Cremissimo Leichter Genuss Tiramisu 200 ml	✔	✗
— Cremissimo Leichter Genuss Vanille	✔	–
— Cuja Mara Split	✔	–
— Diät-Eisgenuss Erdbeer (Diäteis)	✗	–
— Diät-Eisgenuss Schokolade (Diäteis)	✗	–
— Die Drachenjäger	✔	–
— Die Drei ???	✔	–
— Domino	✔	–
— Domino Diät	✔	–
— Ed von Schleck	✔	–
— Eisprodukte allgemein	◆[1]	◆
— Flutschfinger	✔	–
— Flutschfinger Heimspiel	✔	–

[3] nur für Emulgator Mono- und Diglyceride [4] Schweinefleisch [5] in Spuren

Produkt	🥩	🍷
— Frucht Aprikose-Mango 850 ml	✗	–
— Frucht Erdbeer 850 ml	✗	–
— Frucht Zitrone-Orange 850 ml	✗	–
— Fruit Garden	✔	–
— Geburtstags-Cornetto	✔	–
— Happy Milk	✔	–
— Ice Jet	✔	–
— Kolorki	✔	–
— Konfekt	✔	–
— Königsrolle 1000 ml	✔	–
— Magnum After Dinner	✔	–
— Magnum Caramel & Nuts	✔	–
— Magnum Classic	✔	–
— Magnum Colombia Aroma	✔	–
— Magnum Double Caramel	✔	–
— Magnum Ecuador Choc	✔	–
— Magnum Ecuador Dark Choc	✔	–
— Magnum Erdbeer	✔	–
— Magnum Haselnuss	✔	–
— Magnum Java Milk Choc	✔	–
— Magnum Mandel	✔	–
— Magnum Snack Size Classic	✔	–
— Magnum Snack Size Mandel	✔	–
— Magnum Snack Size Weiß	✔	–
— Magnum Weiß	✔	–
— Magnum Yogurt fresh	✔	–
— Milch-Früchtchen	✔	–
— Milchzeit Erdbeer, 1000 ml	✔	–
— Milchzeit Schokolade 1000 ml	✔	–
— Milchzeit Vanille, 1000 ml	✔	–
— Milchzeit Vanille 2000 ml	✔	–
— Milchzeit Vanille-Erdbeer 2000 ml	✔	–
— Milchzeit Vanille-Schokolade 2000 ml	✔	–

🥩 Tierisch 🍷 Alkohol ¹ gilt nur für die Emulgatoren ² nur für Gelatine

Produkt	🍦	🍷
— Mini Calippo ErdbeerTropical	✔	–
— Mini Milk Erdbeer	✔	–
— Mini Milk Schokolade	✔	–
— Mini Milk Vanille	✔	–
— Nogger Original	✔	–
— Nogger Toffi	✔	–
— Riesen Happen	✔	–
— Royal Jamaika	–	✘
— Solero Exotic	✔	–
— Solero Ice Erdbeer	✔	–
— Solero Pfirsich & Joghurt	✔	–
— Sour Fizz	✘	–
— Speiseeis Royal Advocaat mit Eierlikör	–	✘
— Spongebob	✔	–
— Unschuld & Sünde Classic	✔	–
— Unschuld & Sünde Classic SnackSize	✔	–
— Unschuld & Sünde White	✔	–
— Unschuld & Sünde White SnackSize	✔	–
— Viennetta Cappuccino 500 ml	✔	–
— Viennetta Erdbeer 500 ml	✔	–
— Viennetta Schokolade 500 ml	✔	–
— Viennetta Vanille 500 ml	✔	–
— Von Herzen Erste Liebe 900 ml	✔	–
— Von Herzen Frühlingsgefühle 900 ml	✔	–
— Von Herzen Süße Küsse 900 ml	✔	–
— Von Herzen Wolke Sieben 900 ml	✔	–
— Zebra Safari	✔	–
Lätta extra fit Brotaufstrich mit 28 % Fett (500 g)	✘	–
— Halbfettmargarine (250 g und 500 g-Becher)	✔	–
— Halbfettmargarine im Frischeduo (2 x 100 g-Becher)	✔	–
— Mit Joghurt Halbfettmargarine	✔	–
Leicht & Cross (Vollkorn, Roggen, Weizen, Vital, Bio, Knusperwaffel)	✔	✔

³ nur für Emulgator Mono- und Diglyceride ⁴ Schweinefleisch ⁵ in Spuren

Produkt	🥩	🍷
— Knusperbrote (alle)	✔	✔
Lieken Produkte	✔	✔
Lift	✔	✔
Lincohefe	✔	✔
Lindt Alpenvollmilch-Tafel	✔	✔
— Creola Pralinen	✔	✔
— Creola Sticks	✔	✔
— Edel-Nougat-Tafel	✔	✔
— Feinschmelzende-Vollmilch-Tafel Haselnuss-Gianduja	✔	✔
— Feinschmelzende-Vollmilch-Tafel Vollmilch	✔	✔
— Ganznuss-Tafel	✔	✔
— Mini Teddies	✔	✔
— Mini Weihnachtsmänner Alpenvollmilch	✔	✔
— Mini Weihnachtsmänner Edelbitter	✔	✔
— Pralinen Gianduja	✔	✔
— Pralinen Mandel-Nuss-Splitter	✔	✔
— Pralinen Marzipan mit Nuss	✔	✔
— Pralinen Nougat-Crisp	✔	✔
— Pralinen Nuss Nougat	✔	✔
— Pralinen Nuss-Becherli	✔	✔
— Pralinen Schicht-Nougat	✔	✔
— Pralinen Schicht-Nougat Mini	✔	✔
— Pralinen Suvretta Nougat	✔	✔
— Pralinen Vollmilch Krokant Mini	✔	✔
— Pralinen weißer Mandel-Nougat	✔	✔
— Pralinen weißer Mandel-Nougat Mini	✔	✔
— Produkte allgemein	✔	–
— Schichtnougat Tafel Dunkel	✔	✔
— Schichtnougat Tafel Hell	✔	✔
— Schichtnougat Tafel Weiß	✔	✔
— Schokolade Chili-Tafel	✔	✔
— Schokolade Couvertüre Vollmilch	✔	✔

🍖 Tierisch 🍷 Alkohol   ¹ gilt nur für die Emulgatoren   ² nur für Gelatine

Produkt	🍅	🍷
— Schokolade Couvertüre Zartbitter	✔	✔
— Schokolade Edelbitter Mousse Orange	✔	✔
— Schokolade Edel-Nougat	✔	✔
— Schokolade Excellence Crunchy Caramel	✔	✔
— Schokolade Excellence Himbeer Intense	✔	✔
— Schokolade Excellence Minze Intense	✔	✔
— Schokolade Excellence Vollmilch Extra Cremig	✔	✔
— Schokolade Hot Grenadine	✔	✔
— Schokolade Hot Mango	✔	✔
— Schokolade Hot Maracuja	✔	✔
— Schokolade Vollmilch	✔	✔
— Teddy 100 g	✔	✔
— Teddy Freunde	✔	✔
— Teddy-Schiebetäfelchen	✔	✔
— Weihnachtsmann Edelbitter	✔	✔
— Weihnachtsmann Weiß	✔	✔
Linessa Getränke	◆	–
— Pfirsich light	✘	–
Lion	✔	✔
Lipton Eistee Green Limone	✔	–
— Eistee Green naturell	✔	–
— Eistee Green Orange	✔	–
— Ice Tea Apple (ohne Kohlensäure)	✔	–
— Ice Tea Cranberry (ohne Kohlensäure)	✔	–
— Ice Tea Green Grüner Tee Limone (ohne Kohlensäure)	✔	–
— Ice Tea Lemon (ohne Kohlensäure)	✔	–
— Ice Tea Lemon Sparkling (mit Kohlensäure)	✔	–
— Ice Tea Mango (ohne Kohlensäure)	✔	–
— Ice Tea Peach (ohne Kohlensäure)	✔	–
— Ice Tea Sparkling (0,5 l Flasche)	✔	–
Looping Margarine (Aldi)	✔	✔
Lorenz Snack-World	✔	✔

³ nur für Emulgator Mono- und Diglyceride ⁴ Schweinefleisch ⁵ in Spuren

Produkt	🥩	🍷
Ludwig Schokolade GmbH & Co. KG – Schokolade	✔	✔
— Fritt Kaubonbons	✘	–
— Goldtaler	✘	–
M & M's	✘	✔
Maggi Meisterklasse Champignon Cremesuppe	✔	✔
Maitre Jean Pierre Brioche Brötchen mit Milch und Schokostückchen 8er (Lidl)	✔	✔
Maizena Feine Speisestärke	✔	–
Mama Mancini Familienpizza Mozzarella	–	✔
Mama Mancini Familienpizza Vegetarisch	✔	✔
Mamba (alle Sorten)	✔	✔
Mars	✔	✔
Maurinus Alpenrahm Nuss-Schokolade (Aldi)	✔	✔
Mazola Basilico Pflanzenöl mit 25% Olivenöl und natürlichen Basilikumauszügen	✔	–
— Distelöl	✔	–
— Erdnussöl	✔	–
— Gewürztes Öl Knoblauch	✔	–
— Keimöl	✔	–
— Natives Olivenöl extra	✔	–
— Rapsöl	✔	–
— Sesamöl	✔	–
— Walnussöl	✔	–
McDonald's Apfeltaschen	✔	✔
— Barbecue Sauce	✔	✔
— Burger-Brötchen	✔	–
— Cayenne-Pfeffer Dip	✔	✔
— Chilli Sauce	✔	✔
— Currysauce	✔	✔
— Fishmäc	✔	✔
— Fritierfett	✔	✔
— Früchte Tüte	✔	✔
— Fruit & Yoghurt	✔	✔

🥩 Tierisch 🍷 Alkohol [1] gilt nur für die Emulgatoren [2] nur für Gelatine

Produkt	🥩	🍷
— Garten Salat	✔	✔
— Geburtstagstorte	✘	–
— Heißes Kakaogetränk	✔	✔
— Honig-Senf Dip	✔	✔
— Ketchup	✔	✔
— KitKat	✔	–
— Mayonnaise 80%	✔	✔
— McCafé Produkte	✘	–
— McFlurry	✔	✔
— McSundae	✔	✔
— Milchshake (Erdbeer, Vanille)	✔	✔
— Milka Joghurt Kirsch	✔	✔
— Mini Smarties	✔	✔
— Pommes	✔	–
— Ranch Dip	✔	✔
— Senf Sauce	✔	✔
— Süßsauer Sauce	✔	✔
— Sweet Breakfast	✔	–
Med Vänlig Hälsning Kuchenprodukte	✔[1]	–
Meggle Baguettes (Real)	✔	✔
Mentos Classic Produkte	✔	✔
Merci Chocolat Pavot	–	✘
— Extra Dunkle Vielfalt	✔	–
— Große Vielfalt	✔	✔
— Helle Vielfalt	✔	✔
— Herbe Vielfalt	✔	✔
— Marzipan	–	✔
— Petits Chocolate Collection	✔	–
— Petits Helle Sahne	✔	–
— Petits Herbe Sahne	✔	–
— Petits Kaffee Sahne	✔	–
— Petits Mandel Sahne	✔	–
— Petits Nougat Sahne	✔	–

[3] nur für Emulgator Mono- und Diglyceride [4] Schweinefleisch [5] in Spuren

Produkt	🍖	🍷
— Pur Helle Sahne	✔	✔
— Pur Herbe Sahne	✔	✔
— Pur Kaffee Sahne	✔	✔
— Pur Mandel Sahne	✔	✔
— Pur Nougat Sahne	✔	✔
Mezzo Mix	✔	✔
Mikado Griesson – de Beukelaer	✔	✔
Milbona Gouda Scheiben, 1000 g	✔[4]	–
Milka Alpen-Milchcrème	✔	✔
— Alpenmilch	✔	✔
— Caramel	✔	✔
— Ganze Haselnüsse	✔	✔
— Haselnuss	✔	✔
— Joghurt	✔	✔
— Kuhflecken	✔	✔
— Luflée	✔	✔
— Noisette	✔	✔
— Sahne-Crème	✔	✔
— Trauben-Nuss	✔	✔
— Weiße	✔	✔
— Zartherb	✔	✔
— & Daim	✔	✔
MilkyWay	✔	✔
Milupa LCP Milupan	✔	✔
— Milchbrei	✔	–
— Milchnahrungen Aptamil	✔	–
— Milumil	✔	✔
— SOM Pregomin AS	✔	✔
Minstrels	✔	✔
Mint Chocs	✔	✔
Minute Maid	✔	✔
Mirinda	◆	✔
Mister Choc Schokobananen	✘	✔

🍖 Tierisch 🍷 Alkohol ¹ gilt nur für die Emulgatoren ² nur für Gelatine

Produkt	🥩	🍷
Mondamin Feine Speisestärke	✔	–
— Fix-Soßenbinder für Gemüse	✔	–
— Fix-Soßenbinder, dunkel	✔	–
— Fix-Soßenbinder, hell	✔	–
— Grießbrei Klassische Art	✔	–
— Grießbrei Sommertraum Grüner Apfel	✔	–
— Grießbrei Vanille-Geschmack	✔	–
— Grießbrei Zauber Vanille-Geschmack	✔	–
— Hefe-Obstkuchen-Teig	✔	–
— Klassische Mehlschwitze, braun	✔	–
— Klassische Mehlschwitze, hell	✔	–
— Kleiner Helfer für Dampfnudeln	✔	–
— Kleiner Helfer für Kirschmichel	✔	–
— Milchreis Klassische Art	✔	–
— Milchreis Sommertraum Buttermilch Zitronengeschmack	✔	–
— Milchreis Vanille-Geschmack	✔	–
— Milchreis Zauber Vanille-Geschmack	✔	–
— Pizza-Teig	✔	–
— Pudding Schokolade	✔	–
— Pudding Schokolade mit extra Schokolade	✔	–
— Pudding Stracciatella	✔	–
— Pudding Vanille-Geschmack	✔	–
— Pudding Zauber Schokolade	✔	–
— Pudding Zauber Vanille-Geschmack	✔	–
Monster Munch	✔	✔
Moser Roth Edle Kirschwasser	–	✘
— Hochfeine Pralines Marc de Champagne	–	✘
Mountain Dew	✔	✔
Mövenpick Crisp Tüte Eierlikör Johannisbeere	–	✘
— Mandel-Vanille	✔	✔
— Tüte Schwarzwälder Kirsch	–	✘
Mucci Eis	✔[1]	–

[3] nur für Emulgator Mono- und Diglyceride   [4] Schweinefleisch   [5] in Spuren

Produkt	🥩	🍷
Müller Allgäuer Dickmilch	✔	✔
— Desserts Joghurt mit der Buttermilch Erdbeere	✔	✔
— Desserts Joghurt mit der Buttermilch Himbeere	✔	✔
— Desserts Joghurt mit der Buttermilch Kirsche	✔	✔
— Desserts Joghurt mit der Buttermilch Mango-Orange	✔	✔
— Desserts Joghurt mit der Buttermilch Pfirsich-Maracuja	✔	✔
— Desserts Joghurt mit der Buttermilch Zitrone	✔	✔
— Desserts Puding Grieß-Pudding mit Kirsch Sauce	✘	✔
— Desserts Puding Pudding Vanillegeschmack mit Schoko Sauce	✔	✔
— Desserts Puding Schoko Pudding mit Sauce Vanillegeschmack	✔	✔
— Ecke des Monats Wechselnde Sorten	✔	✔
— Fitness Molke Apfel	✔	✔
— Fitness Molke Orange	✔	✔
— Fitness Molke Pfirsich-Maracuja	✔	✔
— Fitness Molke Tropic	✔	✔
— Fructiv ACE+F	✔	✔
— Fructiv Blutorange	✔	✔
— Fructiv Erdbeere-Limette-Wassermelone	✔	✔
— Fructiv Grapefruit-Drachenfrucht	✔	✔
— Fructiv Mango-Maracuja	✔	✔
— Fructiv Multivitamin	✔	✔
— Fructiv Orange-Maracuja-Guarana	✔	✔
— Fructiv Roter Multivitamin	✔	✔
— Fructiv Tropic	✔	✔
— Fructiv Zitrone-Limette-Wassermelone	✔	✔
— Joghurt mit der Ecke Knusper Crispy Crunch	✔	✔
— Joghurt mit der Ecke Knusper Himbeer Flakes	✔	✔
— Joghurt mit der Ecke Knusper Knusper Flakes	✔	✔
— Joghurt mit der Ecke Knusper Knusper Original	✔	✔

🥩 Tierisch 🍷 Alkohol ¹ gilt nur für die Emulgatoren ² nur für Gelatine

Produkt	🍖	🍷
— Joghurt mit der Ecke Knusper Schoko Balls	✔	✔
— Joghurt mit der Ecke Knusper Schoko Cringels	✔	✔
— Joghurt mit der Ecke Knusper Schoko Müsli	✔	✔
— Joghurt mit der Ecke Knusper Schoko Taler	✔	✔
— Joghurt mit der Ecke Knusper Schokostars	✔	✔
— Joghurt mit der Ecke Knusper Waffelwürfel	✔	✔
— Joghurt mit der Ecke Schlemmer Birne-Stracciatella	✔	✔
— Joghurt mit der Ecke Schlemmer Erdbeere	✔	✔
— Joghurt mit der Ecke Schlemmer Erdbeer-Panacotta	✔	✔
— Joghurt mit der Ecke Schlemmer Heidelbeere	✔	✔
— Joghurt mit der Ecke Schlemmer Himbeere	✔	✔
— Joghurt mit der Ecke Schlemmer Kirsche	✔	✔
— Joghurt mit der Ecke Schlemmer Mango-Papaya-Stracciatella	✔	✔
— Joghurt mit der Ecke Schlemmer Typ Bananensplit	✔	✔
— Joghurt mit der Ecke Schlemmer Typ Schwarzwälder	✔	✔
— Milch Reis Apfel	✔	✔
— Milch Reis Diät Himbeer	✔	✔
— Milch Reis Diät Pur (ohne Soße)	✔	✔
— Milch Reis Diät Zimt	✔	✔
— Milch Reis Erdbeer	✔	✔
— Milch Reis Himbeer	✔	✔
— Milch Reis Kirsch	✔	✔
— Milch Reis Knüller Erdbeere	✔	✔
— Milch Reis Knüller Haselnuss	✔	✔
— Milch Reis Knüller Himbeere	✔	✔
— Milch Reis Knüller Kirsche	✔	✔
— Milch Reis Knüller Pfirsich-Aprikose	✔	✔
— Milch Reis Knüller Stracciatella	✔	✔
— Milch Reis Knüller Vanilla	✔	✔

[3] nur für Emulgator Mono- und Diglyceride [4] Schweinefleisch [5] in Spuren

Produkt	🥩	🍷
— Milch Reis Nuss	✔	✔
— Milch Reis Pur (ohne Soße)	✔	✔
— Milch Reis Sachet Banana-Split	✔	✔
— Milch Reis Sachet Milchreis des Jahres Typ Schwarzwälder Kirsch	✔	✔
— Milch Reis Sachet Schoko-Splits	✔	✔
— Milch Reis Sachet Zucker-Zimt	✔	✔
— Milch Reis Schoko	✔	✔
— Milch Reis Vanilla	✔	✔
— Milch Reis Zimt	✔	✔
— Milch Banane	✔	✔
— Milch Chai	✔	✔
— Milch Coffee Cappuccino	✔	✔
— Milch Coffee Espresso	✔	✔
— Milch Coffee Latte Macchiato	✔	✔
— Milch Coffee Latte Vanilla	✔	✔
— Milch Erdbeere	✔	✔
— Milch Fettarme Milch + Traubenzucker	✔	✔
— Milch Frucht Butter Diät Erdbeer	✔	✔
— Milch Frucht Butter Diät Multi-Vitamin	✔	✔
— Milch Frucht Butter Erdbeer	✔	✔
— Milch Frucht Butter Kirsch-Banane	✔	✔
— Milch Frucht Butter Milch Mango	✔	✔
— Milch Frucht Butter Milch Waldbeere	✔	✔
— Milch Frucht Butter Multi-Vitamin	✔	✔
— Milch Frucht Butter Zitrone	✔	✔
— Milch Himbeere	✔	✔
— Milch Melone-Mango	✔	✔
— Milch Nocciola-Nuss	✔	✔
— Milch Pistazie Cocos	✔	✔
— Milch Reine Butter	✔	✔
— Milch Schoko	✔	✔
— Milch Vanilla	✔	✔

🥩 Tierisch 🍷 Alkohol ¹ gilt nur für die Emulgatoren ² nur für Gelatine

Produkt	🍖	🍷
Naturals	✔	✔
Nestea	✔	✔
Nestle Dekorativer Eisgenuss 900 ml: Amaretto Mandarine	–	✗
— Dekorativer Eisgenuss 900 ml: Chocolate Rum-Traube-Nuss	–	✗
— Dekorativer Eisgenuss 900 ml: Schwarzwälder Kirsch	–	✗
— Dekorativer Eisgenuss 900 ml: Wiener Melange	–	✗
— Schätze der Welt: Irish Whiskey & Cream	–	✗
NicNac's	✔	✔
Nimm2	✔	✔
— Zuckerfrei	✔	✔
— Lachgummi	✗	–
— Lachgummi Joghurt	✗	–
— Lachgummi minis	✗	–
— Lachgummi sauer	✗	–
— Minis zuckerfrei	✔	–
— Soft	✔	✔
Noblissima Blättereis, Waldfrucht	✔	✔
— Italienische Eiskrem, Waldfrucht	✔	✔
Nuts & Fruits	✔	✔
Ospelt Food Pizza Mozzarella	✔	✔
Party Clubs	✔	✔
Pataya Eistee Pfirsich (Lidl)	✗	✔
— Eistee Tea & Fruit Exotic (Lidl)	✗	–
— Eistee Zitrone (Lidl)	–	✔
Peppies	✔	✔
Pepsi	✔	✔
— Light	✔	✔
— Max	✔	✔
— Twist	✔	✔

[3] nur für Emulgator Mono- und Diglyceride   [4] Schweinefleisch   [5] in Spuren

Produkt	🐾	🍷
Pez Produkte	✔	–
Pfanni Bratkartoffeln „Die Klassischen"	✔	–
— Country Kartoffeln „Die Würzigen"	✔	–
— Gekochter Kloßteig „Der Feine" (10 Klöße)	✔	–
— Gemüse Knödel aus Kartoffel Frühlingsgemüse (6 x 1 Stück im Kochbtl)	✔	–
— Gnocchi Italienische Kartoffel-Klößchen (500 g)	✔	–
— Kartoffel Knödel „Der Klassiker" halb halb (12 x 1 Stück im Kochbtl)	✔	–
— Kartoffel Knödel „Der Klassiker" halb halb (6 x 1 Stück im Kochbtl)	✔	–
— Kartoffel Knödel-Teig halb halb „Der Klassiker" (12 Knödel)	✔	–
— Kartoffel Puffer-Teig „Der Knusprige" (für 20 Puffer)	✔	–
— Kartoffel Püree „Das Komplette" mit Milch (3 Portionen)	✔	–
— Kartoffel Püree „Das Komplette" mit Milch (3 x 3 Portionen)	✔	–
— Kartoffel Püree „Das Kräftige" (3 x 3 Portionen)	✔	–
— Kartoffel Püree „Das Lockere" (3 Portionen)	✔	–
— Kartoffel Püree „Das Lockere" (3 x 3 Portionen)	✔	–
— Kartoffel Püree mit Crème fraiche Kräutern der Provence (2 x 2 Portionen)	✔	–
— Kartoffel Snack Creme fraiche Kräuter der Provence (Becher)	✔	–
— Kartoffel Snack mit Broccoli Crème fraiche (Beutel)	✔	–
— Kartoffel Snack mit Champignons Frühlingszwiebeln (Beutel)	✔	–
— Kartoffel Snack mit Crème fraîche (Beutel)	✔	–
— Kartoffel Snack mit Frühlingsgemüse (Beutel)	✔	–
— Kartoffel Snack mit Gartengemüse (Beutel)	✔	–

🐾 Tierisch 🍷 Alkohol   [1] gilt nur für die Emulgatoren [2] nur für Gelatine

Produkt	🥩	🍷
— Kartoffel Snack mit Käse Broccoli (Becher)	✔	–
— Kartoffel Snack mit Röstzwiebeln, Käse Croûtons (Beutel)	✔	–
— Kartoffel Snack mit Spinat Mozzarella (Becher)	✔	–
— Kartoffel Snack mit Steinpilzen „Jäger Art" (Becher)	✔	–
— Kartoffel Snack mit Tomate und Mozzarella (Becher	✔	–
— Rohe Klöße „Der Kräftige" (6 x 1 Stück im Kochbtl)	✔	–
— Roher Kloß-Teig „Der Kräftige" (12 Knödel)	✔	–
— Rösti „Die Knusprigen"	✔	–
— Stampf Kartoffeln (2–3 Portionen)	✔	–
Plombir mit Vanillegeschmack	✔	–
— Mix	✔	–
Pomsticks	✔	✔
Powerrade Sportsdrink	✔	✔
— Zero	✔	✔
Prima Eis	✔	✔
Prince Polo von OLZA	✔	✔
Pringles Cheese & Onion	✔	✔
— CheezUms	✔	✔
— Curry	✔	✔
— Hot & Spicy	✘	✘
— Original	✔	✘
— Paprika	✔	✔
— Sour Cream & Onion	✔	✘
— Texas Barbeque	✔	✔
Prinzen Rolle (Kakao, Minis, Choco Duo, 30% weniger Zucker, Mehrkorn)	✔	✔
Procter & Gamble Zahncreme	✔	✔
Punica	◆	✔
R & R Ice Cream Deutschland GmbH Produkte	◆	✔
Rachengold Citrus	✔	✔

³ nur für Emulgator Mono- und Diglyceride ⁴ Schweinefleisch ⁵ in Spuren

Produkt	🥩	🍷
— Kräuter	✔	✔
— Kräuter zuckerfrei	✔	–
— Milch & Honig	✔	✔
— Salbei	✔	–
— Salbei zuckerfrei	✔	–
— Zitrone	✔	–
— Zitrone zuckerfrei	✔	–
Rama Balance Halbfettmargarine	✔	–
— Cremefine zum Kochen (15% Fett)	✔	–
— Cremefine zum Schlagen (19% Fett)	✔	–
— Cremefine zum Schlagen Vanilla (19% Fett)	✔	–
— Cremefine zum Verfeinern (15% Fett)	✔	–
— Culinesse Pflanzencreme 83% Fett	✔	–
— Fein gesalzen Halbfettmargarine (39% Fett)	✔	–
— Guten Morgen 65% Fett	✔	–
— Original 80% Fett	✔	–
Real,- Bio Apfelsaft naturtrüb	✔²	–
— Bio Mehrfruchtsaft	✔²	–
— Bio Orangensaft	✔²	–
— Bio Tomatensaft	✔²	–
— Bio Traubensaft	✔²	–
— Quality 4 Blätterteig 50 g	✔³	–
— Quality Ananas Direktsaft	✔²	–
— Quality Apfel-Acerola klar	✘	–
— Quality Apfel-Acerola trüb	✘	–
— Quality Apfel-Kirsch Nektar	✘	–
— Quality Bananen Nektar	✔²	–
— Quality Brownies	✔³	–
— Quality Cheese Dip 200 ml	✔³	–
— Quality Chips creme fraiche 175 g	✔³	–
— Quality Chips gesalzen 175 g	✔³	–
— Quality Chips peperoni 175 g	✔³	–
— Quality Chips ungarisch 175 g	✔³	–

🥩 Tierisch 🍷 Alkohol ¹ gilt nur für die Emulgatoren ² nur für Gelatine

Produkt	🥩	🍷
— Quality Donauschnitten	✔³	–
— Quality Erbeer Sirup	✘	–
— Quality frisch Farfalle Funghi in Sahne-Pilzsauce 400 g	✔³	–
— Quality frisch Penne Arrabiata in pikanter Tomatensauce 400 g	✔³	–
— Quality Früchte Müsli 600 g	✔³	–
— Quality Frühstückssaft	✘	–
— Quality Gemüsesaft	✔²	–
— Quality Gnocchi 500 g	✔³	–
— Quality Grapefruit Direksaft	✔²	–
— Quality Hambuger Brötchen 6 St	✔³	–
— Quality Himbeer Sirup	✘	–
— Quality Hügelkuchen	✔³	–
— Quality Kartoffelpüree 240 g	✔³	–
— Quality Käsebällchen 150 g	✔³	–
— Quality Käse-Sahne-Torte 395 g	✔³	–
— Quality Kirsch Sirup	✘	–
— Quality Kirsch-Schoko-Kuchen 435 g	✔³	–
— Quality Knusper Honig 600 g	✔³	–
— Quality Magnum Mandel 480 ml (4 x 120 ml)	✔³	–
— Quality Magnum Schoko 480 ml (4 x 120 ml)	✔³	–
— Quality Maracuja-Nektar	✔²	–
— Quality Marmorkuchen 400 g	✔³	–
— Quality Milchschokolade Crisp 140 g	✔³	–
— Quality Mini Eclairs 200 g	✔³	–
— Quality Mini Windbeutel 300 g	✔	✔
— Qualily Muffins mit Schokostückchen 310 g	✔³	–
— Quality Multivitaminsaft	✘	–
— Quality Mürbeteigboden 300 g	✔³	–
— Quality Nusskuchen 500 g	✔³	–
— Quality Orangen Direktsaft	✔²	–
— Quality Orangensaft	✔²	–

³ nur für Emulgator Mono- und Diglyceride ⁴ Schweinefleisch ⁵ in Spuren

Produkt	🍖	🍷
— Quality Pfirsich Nektar	✗	–
— Quality Pflanzencreme 500 ml	✔³	–
— Quality Ravioli con Spinaci 250 g	✔³	–
— Quality Ravioli con Spinaci 500 g	✔³	–
— Quality Rührkuchen 400 g	✔³	–
— Quality Rührteigboden 300 g	✔³	–
— Quality Salsa Pesto, frische 175 ml (150 g)	✔³	–
— Quality Sandkuchen 400 g	✔³	–
— Quality Sauce Arrabiata, frische 190 ml (200 g)	✔³	–
— Quality Sauce Toskana, frische 190 ml (200 g)	✔³	–
— Quality Schattenmorellen ohne Kern 750 g	✔³	–
— Quality Schlagcreme 80 g	✔³	–
— Quality Schoko Muffins 340 g	✔³	–
— Quality Schokoflockenkuchen 500 g	✔³	–
— Quality Schokokuchen 475 g	✔³	–
— Quality schw. Johannisbeer Nektar	✗	–
— Quality Spaghetti Eis 510 ml (3 x 170 ml)	✔³	–
— Quality Spicy Sticks 100 g	✔³	–
— Quality Tarte au chocolat 470 g	✔³	–
— Quality Torta Tiramisu 355 g	✔³	–
— Quality Tortelloni Formaggio 1 kg	✔³	–
— Quality Tortelloni Formaggio 250 g	✔³	–
— Quality Tortelloni Formaggio 500 g	✔³	–
— Quality Tortelloni Ricotta e Spinaci 1 kg	✔³	–
— Quality Tortelloni Ricotta e Spinaci 250 g	✔³	–
— Quality Tortelloni Ricotta e Spinaci 500 g	✔³	–
— Quality Traubensaft	✗	–
— Quality Waldmeister Sirup	✔²	–
— Quality Wiener Boden dunkel 400 g	✔³	–
— Quality Wiener Boden hell 400 g	✔³	–
— Quality Zitronenkuchen 500 g	✔³	–
— Quality Zitronensaft 0,2 l	✔²	–
— Quality Zitronensaft 0,75 l	✔²	–

🍖 Tierisch 🍷 Alkohol   ¹ gilt nur für die Emulgatoren ² nur für Gelatine

Produkt	🥩	🍷
— Quality Zwiebeln gewürfelt 500 g	✔³	–
Reichsgraf Pfeffernüsse	✘	–
Reineke-Brot Kaiser Brot	✔	✔
Rewe Magic 4er Eis	✔	✔
— Spaghettieis	✔	✔
Riesen	✔	✔
Rio D'oro Apfelsaft aus Apfelsaftkonzentrat (klar)	◆	✔
— Cool Fruit Kinderteegetränk	◆	✔
— Multivitaminsaft (da, wo Apfelsaft klar zugesetzt wird)	◆	✔
— Traubensaft	✔	✔
Rio Grande klare Säfte	✘	✔
Ritter-Sport 100 g Alpenmilch	✔	✔
— 100 g Cappuccino	✔	✔
— 100 g die Ritter Rum Knusperriegel	✘	✘
— 100 g Feinherb à la Mousse au Chocolat	✔	✔
— 100 g Ganze Mandel	✔	✔
— 100 g Halbbitter	✔	✔
— 100 g Joghurt	✔	✔
— 100 g Knusperflakes	✔	✔
— 100 g Knusperkeks	✔	✔
— 100 g Marzipan	✔	✔
— 100 g Nugat	✔	✔
— 100 g Pfefferminz	✔	✔
— 100 g Ramazzotti	✔	✘
— 100 g Rotwein	✔	✘
— 100 g Rum Trauben Nuss	✘	✘
— 100 g Vollmilch	✔	✔
— 100 g Voll-Nuss	✔	✔
— 100 g Weiße Vollnuss	✔	✔
— 100 g Winter-Trüffel Sorten Williams Christ Birne	✘	✘
— Diät Halbbitter	✔	–
— Diät Joghurt	✔	–

³ nur für Emulgator Mono- und Diglyceride ⁴ Schweinefleisch ⁵ in Spuren

Produkt	🥩	🍷
— Diät Nugat	✔	✔
— Diät Vollmilch	✔	✔
— Mini Haselnuss	✔	–
— Mini Joghurt	✔	✔
— Mini Knusperflakes	✔	✔
— Mini Knusperkeks	✔	✔
— Mini Marzipan	✔	–
— Mini Nugat	✔	✔
— Mini Vollmilch	✔	◆
— Rum Knusperriegel	–	✘
Roncadin Eisprodukte	–	–
Rosen Eiskrem GmbH Eis-Produkte	✔	✔
— Linessa Stieleis Exotic	✔	✔
— Linessa Stieleis Waldfrucht	✔	✔
— Mini Mix Frucht 12 x 50 ml	✔	✔
— Mini Mix Schoko 12 x 50 ml	✔	✔
— Mini Waffelhörnchen 12 x 28 ml Jogh Erdbeere – Joghurt Pfirsich Maracuja	✔	✔
— Mini Waffelhörnchen 12 x 28 ml Schoko Nuss	✔	✔
— Mini Waffelhörnchen 12 x 28 ml Vanille	✔	✔
— Nacho 4 x 85 ml Double Choc	✔	✔
— Nacho 4 x 85 ml Erdbeere	✔	✔
— Nacho 4 x 85 ml Haselnuss	✔	✔
— Nacho 4 x 85 ml Karamell	✔	✔
— Quetschtüten Cola	✔	✔
— Quetschtüten Erdbeere	✔	✔
— Quetschtüten Orange	✔	✔
— Sandwich Classic	✔	✔
— Sandwich Erdbeere	✔	✔
— Sandwich Nuss Nougat	✔	✔
— Sandwich Sommer 8 x 95 ml	✔	✔
— Stieleis Mandel 6 x 120 ml	✔	✔
— Stieleis Schoko Crisp	✔	✔

🍖 Tierisch 🍷 Alkohol   [1] gilt nur für die Emulgatoren [2] nur für Gelatine

Produkt	🥩	🍷
— Stieleis Schoko-Vanille	✔	✔
— Sunny Mix Mischkarton	✔	✔
Rossmann Baby Stillsaft	✔	–
Saltletts	✔	✔
Sanella Streichfett 75% 1 Stange	✔	–
— Streichfett 75% 250-g-Stück	✔	–
— Streichfett 75% 500-g-Schale	✔	–
Sanobub Fürst-Pückler Art	✔	–
Sarotti	✔	◆
Schleckies Lolly	✔	✔
Schoko Strolche Dickmann's	✔	–
— Toffee	✔	✔
Schokolinchen	✔	✔
Schwartau Extra Konfitüren	✔	✔
— Corny Müsliriegel	✔	✔
— Corny Müsliriegel fruity Früchte-Riegel Erdbeer-Limone	✘	–
— Corny Müsliriegel Prinzessinnen-Juwelen	✘	–
— Feine Marzipan Rohmasse	–	✘
— Rübli	✘	–
— Spezialitäten in Dosen Herren-Konfitüre	–	✘
Schwarzwälder Milchbauer Brotaufstrich Tresena	✘	–
— Milchbauer Joghurt	✘	–
Schwip Schwap	✔	✔
Sensodyne Zahncremeprodukte	✔	✔
Sinnack 10er Frühstücksbrötchen	✔	✔
— Backspezialitäten Baguette-Brötchen	✔	–
— Backwaren	–	✔
Sirius Cerealienriegel	✔	–
Snack Hits	✔	✔
— Specialities	✔	✔
Snickers	✔	✔
Sodenthaler	✔	✔

³ nur für Emulgator Mono- und Diglyceride ⁴ Schweinefleisch ⁵ in Spuren

Produkt	🥩	🍷
Solevita Multi Vitamin 11 Fruchtsaft	♦	–
Sprite	✔	✔
Stollwerck Produkte	✔	–
— Süßmolkenpulver	✔	–
— Waldbaur Küvertüren	✔	–
— Café Melange	✔	✔
— California Früchte	✔	✔
— Champagner-Trüffel	–	✘
— Cointreau-Trüffel	–	✘
— Rumschokolade	–	✘
— Rum-Trüffelschokolade	–	✘
Südzucker	✔	✔
Super Dickmann's	✔	✔
Surig Essig-Essenz	–	✔
Tacitos	✔	✔
Tekrum Decor on Ice Waffel-Becher, Schoko-Fächer	✔	✔
— Florentiner (Zartbitter, Vollmilch), Shortbread	✔	✔
— Knusprige Eistüten, Waffel-Becher	✔	✔
— Schwarzwälder Kirsch Törtchen	✔	✘
The Lorenz Bahlsen Snack-World GmbH & Co KG-Produkte	✔	✔
Tip Alpenmilch-Nuss-Schokolade 100 g	✔[3]	–
— Apfelfruchtsaftgetränk	✘	–
— Apfelsaft 0,33 l	✘	–
— Apfelsaft 1 l	✘	–
— Apfelschorle	✘	–
— Apfel-Streuselkuchen 1250 g	✔[3]	–
— Aprikosen-Orangen Nektar	✔[2]	–
— Aprikosen-Orangen-Maracuja-Nektar	✔[2]	–
— Back-Kirschkuchen 1250 g	✔[3]	–
— Baguette Brötchen 6 Stück 300 g	✔[3]	–
— Baguette Champignon 750 g (6 x 125 g)	✔[3]	–
— Baguettebrötchen 4 Stück 300 g	✔[3]	–
— Bauernschnitten 500 g	✔[3]	–

🥩 Tierisch 🍷 Alkohol   [1] gilt nur für die Emulgatoren [2] nur für Gelatine

Produkt	🍖	🍷
— Baumkuchen 300 g	✔[3]	—
— Buttermandelstollen 750 g	✔[3]	—
— Croissants 200 g	✔[3]	—
— Dominosteine 125 g	✔[3]	—
— Edelmarzipanstollen 1000 g	✔[3]	—
— Eistee Pfirsich 0,2 l	✘	—
— Eistee Pfirsich 1,5 l	✘	—
— Eistee Zitrone	✔[2]	—
— Erdbeer Sirup	✘	—
— Erdnussflips 200 g	✔[3]	—
— Fix für Bauerntopf mit Hackfleisch 45 g	✔[3]	—
— Fix für Braten und Rouladen 51 g	✔[3]	—
— Fix für Brokkoli Gratin 40 g	✔[3]	—
— Fix für Chili con Carne 40 g	✔[3]	—
— Fix für Gulasch 50 g	✔[3]	—
— Fix für Hackbraten 80 g	✔[3]	—
— Fix für Kartoffelgratin 40 g	✔[3]	—
— Fix für Lachs Sahne Gratin 24 g	✔[3]	—
— Fix für Lasagne 50 g	✔[3]	—
— Fix für Nudel Schinken Gratin Tip 40 g	✔[3]	—
— Fix für Rahmgemüse 50 g	✔[3]	—
— Fix für Spaghetti Bolognese 50 g	✔[3]	—
— Fix für Züricher Geschnetzeltes 50 g	✔[3]	—
— Fix für Zwiebel Sahne Hähnchen 30 g	✔[3]	—
— Frühlingssuppe	✔[3]	—
— Gebäck- und Waffelmischung 500 g	✔[3]	—
— Gemische Brötchen 520 g	✔[3]	—
— Himbeer Cake 300 g	✔[3]	—
— Himbeer Sirup	✘	—
— Honey Wheels 750 g	✔[3]	—
— Hörnchen gefüllt mit Nuss-Nougat 240 g	✔[3]	—
— Hühnersuppe mit Nudeln	✔[3]	—
— Kaffeeweißer 250 g	✔[3]	—

[3] nur für Emulgator Mono- und Diglyceride [4] Schweinefleisch [5] in Spuren

Produkt	🍖	🍷
— Kartoffelsuppe	✔³	–
— Käse-Kuchen 1250 g	✔³	–
— Kirsch Sirup	✘	–
— Kräuterbutterbaguette 175 g	✔³	–
— Marzipanstollen 1000 g	✔³	–
— Mini Croissants 300 g	✔³	–
— Mini Supersticks Schoko 600 ml (12×50 ml)	✔³	–
— Multivitamin 12 Fruchtsaft 0,33 l	✘	–
— Multivitamin 12 Fruchtsaft 1 l	✘	–
— Multivitamin Nektar light	✘	–
— Müsliriegel Nuss 200 g	✔³	–
— Nuss-Nougat-Creme 400 g	✔³	–
— Obsttortenboden 200 g	✔³	–
— Orange Cake 300 g	✔³	–
— Orangenfruchtsaftgetränk	✘	–
— Orangennektar	✔²	–
— Orangensaft 0,33 l	✔²	–
— Orangensaft 1 l	✔²	–
— Pfirsich-Banane	✔²	–
— Pflanzenmargarine 500 g	✔³	–
— Pflaumenkur	✘	–
— Pflaumenstreusel-Kuchen 1250 g	✔³	–
— Salzbrezeln 250 g	✔³	–
— Salzstangen 250 g	✔³	–
— Sandwich FPA 720 ml (8×90 ml)	✔³	–
— Sauerkirsch Fruchtsaftgetränk	✘	–
— Schokoküsse 300 g	✔³	–
— Schokolade 1.000 ml	✔³	–
— Schokowaffeln Vollmilch 175 g	✘	–
— Sonnenblumenmargarine 500 g	✔³	–
— Sonntagsbrötchen 8 Stück 560 g	✔³	–
— Spritzgebäckringe 400 g	✔³	–
— Stapelchips Hot 175 g	✔³	–

🍖 Tierisch 🍷 Alkohol ¹ gilt nur für die Emulgatoren ² nur für Gelatine

Produkt	🥩	🍷
— Stapelchips Paprika 175 g	✔³	–
— Stollenkonfekt 350 g	✔³	–
— Super Stick Choc 390 ml (3 x 130 ml)	✔³	–
— Super Stick Mandel 390 ml (3 x 130 ml)	✔³	–
— Super-Mix 250 g	✔³	–
— Sweet Flakes 750 g	✔³	–
— Tomaten-Mozzarella-Suppe	✔³	–
— Traubensaft	✘	–
— Vanille 1.000 ml	✔³	–
— Vanille 2.000 ml	✔³	–
— Waffeltüte Erdbeer 6 x 120 ml = 720 ml	✔³	–
— Waffeltüte Vanille–Haselnuss 6 x 120 ml = 720 ml	✔³	–
— Waldmeister Sirup	✔²	–
— Waldpilz-Suppe	✔³	–
— Blumenkohl-Brokkoli-Suppe	✔³	–
Tiramisu	✔	◆
Toffifee	✔	✔
Topstar Cola Mix	–	✘
Trolli Bizzl Mix	✔	✔
— Bungees Apfel	✔	✔
— Bungees Cola	✔	✔
— Bungees Erdbeere	✔	✔
— Give me 5	✔	✔
— Halal Fruit Salad	✔	✔
— Halal Gummi Bears	✔	✔
— Halal Orange Slices	✔	✔
— Halal Sour Peach Hearts	✔	✔
— Saure Erdbeeren	✔	✔
— Spaghettini	✔	✔
— Spaghettini Apfel Sour	✔	✔
— Spaghettini Cola	✔	✔
— Spaghettini Cola Sour	✔	✔
— Spaghettini Erdbeere	✔	✔

³ nur für Emulgator Mono- und Diglyceride ⁴ Schweinefleisch ⁵ in Spuren

Produkt	🥩	🍷
— Spaghettini Erdbeere Sour	✔	✔
Trüller Knabber-Gebäck Produkte	✔	✔
TUC (Classic, Sesam, Mehrkorn, Mini, Leichte Cracker, Paprika)	✔	✔
Twix	✔	✔
Ülker Produkte (allgemein) (wenn ✔ dann mit Halal Zertifikat)	◆	✔
Unox Suppen konzentriert Champignon-Crèmesuppe	✔	–
Unox Suppen konzentriert Tomaten-Crèmesuppe	✔	–
Urbacher	✔	✔
URSI Milchsnack	✔	✔
Valensina Eisprodukte	✔[1]	
— Naturtrüber Saft Apfel	✔	–
— Naturtrüber Saft Orange	✔	–
— Naturtrüber Saft Grapefruit	✔	–
— Naturtrüber Saft Zitrone	✔	–
— Naturtrüber Saft Limette	✔	–
— Milde Orange mit Orangenblütenextrakt	✔	–
— Orange-Blutorange	✔	–
— Orangensaft aus Orangensaftkonzentrat	✔	–
Vio	✔	✔
Vita D'or Sonnenblumenmargarine (Lidl)	✔	–
Vitafit Apfelsaft naturtrüb	✔	–
— Klare Multi-Vitamin-Säfte	✘	–
— Klarer Apfelsaft	✘	–
— Orangensaft	✔	–
Vitamalz	✔	✔
Vollmilch Brocken	✔	–
Wagner Big Pizza Boston	✔	✔
— Big Pizza Boston	✔	✔
— Bio-Flammkuchen „Unsere Natur" Käse -Lauch	✔	✔
— Bio-Piccolinis „Unsere Natur" Drei-Käse	✔	✔

🥩 Tierisch 🍷 Alkohol ¹ gilt nur für die Emulgatoren ² nur für Gelatine

Produkt	🥩	🍷
— Bio-Piccolinis „Unsere Natur" Tomate-Mozzarella	✔	✔
— Bio-Pizzies „Unsere Natur" Käse-Spinat	✔	✔
— Bio-Pizzies „Unsere Natur" Mozzarella	✔	✔
— Bio-Steinofen-Pizza „NaturLust" Champignon	✔	✔
— Bio-Steinofen-Pizza „NaturLust" Vier Käse	✔	✔
— Bio-Steinofen-Pizza „Unsere Natur" Käse-Spinat	✔	✔
— Bio-Steinofen-Pizza „Unsere Natur" Margherita	✔	✔
— Bio-Steinofen-Pizza „Unsere Natur" Vegetaria	✔	✔
— Piccolinis Tomate Mozzarella	✔	✔
— Steinofen-Pizza Mozzarella	✔	✔
Wefa „6 gefüllte Berliner" (Aldi)	✔	–
— Donuts	✔	✔
— Brot	✔	–
Weiss Meisterklasse Feine Weiche Oblatenlebkuchen – 3fach sortiert	✔	–
Weizenin Weizenpuder (400 g Packung)	✔	–
Werther's Original	✔	–
— Original (Zuckerfrei)	✔	–
— Original Caramelts	✔	–
— Original Eclair	✔	–
— Original Feine Helle	✔	–
— Original Feine Herbe	✔	–
— Original Feine Herbe Karamell	✔	–
— Original Feine Vielfalt	✔	–
— Original Karamell	✔	–
— Original Karamell Creme	✔	–
— Original Karamell Mousse	✔	–
— Original Minis zuckerfrei	✔	–
— Original Sahnetoffees	✔	–
— Original Schokoladen Toffees	✔	–
Wesergold blanke/klare Säfte (Aldi)	✘	–
Westcliff Eistee Pfirsich / Zitrone	◆	✔
Wikana Keks und Nahrungsmittel GmbH	✔	–

[3] nur für Emulgator Mono- und Diglyceride [4] Schweinefleisch [5] in Spuren

Produkt	🍖	🍷
Wrigley's Airwaves Black Mint	✔	✔
— Airwaves Cherry Menthol	✔	✔
— Airwaves Cool Cassis	✔	✔
— Airwaves Drops Cherry Menthol	–	✔
— Airwaves Drops Menthol & Eukalyptus	✔	✔
— Airwaves Menthol & Eukalyptus	✔	✔
— Big Red	✔	✔
— Bubble Gum	✔	✔
— Doublemint	✔	✔
— Extra Drops mit Xylit-Füllung Caramel Mint	–	✔
— Extra Drops mit Xylit-Füllung Cranberry Lime	–	✔
— Extra Drops mit Xylit-Füllung Strong Mint	✔	✔
— Extra Peppermint	✔	✔
— Extra Polar Ice	✔	✔
— Extra Professional Mints	✔	✔
— Extra Professional Mints Classic	–	✔
— Extra Professional Mints Orange Mint	–	✔
— Extra Professional Mints Waldfrucht	✔	✔
— Extra Professional Strong Mint	✔	✔
— Extra White	✔	✔
— Extra Kaugummi	✔	✔
— Hubba Bubba	✔	✔
— Hubba Bubba Bubble Tape	✔	✔
— Hubba Bubba Bubble Tape Colourful Citrus	–	✔
— Hubba Bubba Bubble Tape Fancy Fruit	✔	✔
— Hubba Bubba Bubble Tape Sour Berry	–	✔
— Hubba Bubba Cool Cola	✔	✔
— Hubba Bubba Crazy Cherry	✔	✔
— Juicy Fruit	✔	✔
— Orbit Balance Papaya-Aloe Vera	✔	✔
— Orbit Cherry Mint	✔	✔
— Orbit Peppermint	✔	✔
— Orbit Spearmint	✔	✔

🍖 Tierisch 🍷 Alkohol [1] gilt nur für die Emulgatoren [2] nur für Gelatine

Produkt	🍖	🍷
— Orbit Strawberry Mint	✔	✔
— Produkte allgemein	–	✔
— Spearmint	✔	✔
Wurzener Extra (Milchschokolade, Zartbitter)	✔	✔
Yes Torte	–	✘
Zentis Marzipan	✔	–

³ nur für Emulgator Mono- und Diglyceride ⁴ Schweinefleisch ⁵ in Spuren

In einer Forschungsarbeit für den Lehrstuhl für Vergleichende Kultur- und Sozialanthropologie an der Europa-Universität Viadrina wurden 42 Islam-Foren in Deutschland untersucht. Das Misawa-Forum wurde in allen Bereichen ("Offenheit", "Dialog", "Meinungsfreiheit", "Toleranz" und "Demokratisch") am Besten bewertet.

Misawa Group

www.misawa.de
www.wirverein.de
www.lesen24.com
misawa.de/mtalk.htm
misawa.de/buecher-islam.de
www.hoerbuecher-islam.de
www.ayasofya-zeitschrift.de
tv.misawa.de
forum.misawa.de
toolbar.misawa.de
manga.misawa.de
eldumano.misawa.de
www.myhalalcheck.com

noch nicht besucht?

WEITERE BÜCHER AUS DER

Malika Laabdallaoui und Ibrahim Rüschoff

RATGEBER FÜR MUSLIME
bei psychischen und psychosozialen Krisen

Malika Laabdallaoui und Ibrahim Rüschoff legen mit diesem Buch den ersten ausführlichen Ratgeber für Muslime vor, der sich den Themen der psychiatrischen, psychotherapeutischen und psychosozialen Versorgung dieser Gruppe widmet. Praktizierenden Muslimen werden Wege und Möglichkeiten aufgezeigt, die vorhandenen Angebote

von psychosozialer Beratung und Therapie unter Wahrung der religiösen Vorschriften zu nutzen. Darüber hinaus soll der Ratgeber allen, die im psychiatrischen und psychosozialen Bereich mit Muslimen zu tun haben, einen ersten Einblick in die Konflikte geben, auf die praktizierende Muslime stoßen, wenn sie Beratung oder Therapie in Anspruch nehmen, und Lösungsmöglichkeiten aufzeigen.

13,5 x 20 cm · Paperback
280 Seiten · € 14,90
ISBN: 978-3-941910-00-3

EDITION BUKHARA

MOHAMMAD ATASSI

ISLAMISCHE ETIKETTE&
ORIENTALISCHE HÖFLICHKEIT

Dr. Atassi gelingt in seinem Buch über islamische Etikette und orientalische Höflichkeit ein Stück Pionierarbeit. Er vermittelt Einblicke in Hintergründe einer Lebensweise, die oft als „islamisch" bezeichnet wird und zugleich die ohnehin verschwommenen Grenzen zwischen Religion und Tradition häufig überschreitet. Indem Dr. Atassi Material zugänglich macht, das sonst teilweise nur auf Arabisch vorliegt, liefert er Stoff für all jene, die gerne ethnologischen Betrachtungen nachgehen. Neugierige erhalten einen Zugang in die Welt des Islam, wie er unmittelbarer kaum sein könnte.

Carla Amina Baghajati, Sprecherin der Islamischen Glaubensgemeinschaft in Österreich

13,5 x 20 cm · Paperback
148 Seiten · € 13,50
ISBN: 978-3-941910-02-7